Gerd Büntzly (Hrsg.)

SCHWULE VÄTER

Mit Beiträgen von
Jan Bode, Hans Danielkewitz,
Steffi Gleitz, Wolfgang Gleitz, Yves Navarre,
Gerhard Schneider und Ernst Silbermayr

BRUNO GMÜNDER

Umschlaggestaltung: Detlev Pusch
unter Verwendung des Fotos »Paul
en Benno« von Paul Blanca
Satz: VA Großhaus, Berlin
Druck: Fuldaer Verlagsanstalt

ISBN 3-924163-35-9

INHALT

VORWORT

Wenn das Manuskript zu diesem Buch fertig ist, werde ich ausziehen und Frau und Kind »im Stich lassen«. Damit ist für mich der Versuch gescheitert, Homosexualität und Heterosexualität zu integrieren – oder vielleicht doch nicht ganz? Immerhin gibt es da noch Hildegard, unsere Tochter, für die ich zumindest in ihrem ersten Lebensjahr mehr die Mutterrolle gespielt habe als Sibille, die als Lehrerin die Familie ernährt hat.

Sibille wußte von Anfang an, daß ich schwul bin. Wir kennen uns schon sehr lange, seit 1973 etwa, und unsere erste Trennung hing präzise mit meinem schwulen Coming Out zusammen. Danach gingen wir mehrere Jahre eigene Wege, aber blieben in Kontakt. Eines Tages sagte mir Sibille: »Jetzt hab' ich meinen Beruf, den ich wollte und für den ich lange genug gekämpft habe, jetzt habe ich meine Unabhängigkeit als Frau, aber ich möchte das mit jemandem teilen. Ich will ein Kind, aber ich will das von niemandem als von dir.« Ich habe ziemlich lange darüber nachgedacht, ein Jahr etwa, und dann habe ich eingewilligt.

Aber dann bin ich in die Falle gegangen, nicht eine von Sibille, wohl aber von unumstößlichen sozialen Gegebenheiten gestellte Falle: Sibilles Arbeitsplatz und Wohnung sind auf dem Lande, und es gab keine Möglichkeit, in einer Wohngemeinschaft zu leben, wie es mir ursprünglich vorschwebte. So nahm ich schließlich nach langem Zögern Sibilles Angebot an, zu ihr zu ziehen – die einzige Möglichkeit, die ich hatte, um überhaupt für sie und Hildegard eine Hilfe sein zu können.

Aber damit wurde ich Hausmann. Das erste halbe Jahr wurde für uns zwei ein Riesenstreß. Sibille wüßte wohl nicht zu sagen, wie sie es ohne mich geschafft hätte; sie gibt heute zu, daß sie sich die Illusion gemacht hatte, sie könne als alleinstehende Mutter Beruf und Kind miteinander vereinbaren. In der ersten Zeit fühlte ich mich wirklich gebraucht. Aber danach ging es mir sehr bald, viel schneller als ich gedacht hatte, auf den Geist, nur Kind und Haushalt zu haben. Aufgrund meines Zusammenlebens mit Sibille wurde mir dazu noch meine Arbeitslosenunterstützung gestrichen. (Als dann ein Jahr später auch noch die Krankenkasse umgekehrt argumentierte: als Nichtverheiratete hätten wir keinen Anspruch auf »Familienhilfe«, beschloß ich, mir wenigstens ein paar Rechte zu sichern und ließ mich aufs Heiraten ein.) Wegen meines Umzugs hatte ich außerdem alle bisherigen Freunde und Bekannten verloren und geradezu den Eindruck zu vereinsamen. Noch schlimmer aber war es mit meinem politischen Bewußtsein: Ich fiel hinter mein Coming Out zurück und mußte auch noch auf Sibilles Stellung als Lehrerin Rücksicht nehmen.

Vielleicht habe ich diese zwei Jahre nur ausgehalten, weil ich bald Kontakt zu anderen schwulen Vätern aufnahm. Auch wenn ich meinen Weg erst für ziemlich einzigartig hielt, kam ich bald auf die Idee, es könne nicht schaden herauszubekommen, wer einen ähnlichen geht. Und da ich in meinem unmittelbaren Umkreis keine Möglichkeit sah, Leute anzusprechen, annoncierte ich in überregionalen Schwulenzeitungen. Das Echo war größer, als ich erwartet hatte, und die Briefpartner regten auch bald ein bundesweites Treffen schwuler Väter an. Inzwischen gab es drei solcher Treffen, an denen insgesamt 65 Interessierte teilnahmen. Aus dem Gedankenaustausch mit ihnen hat sich dieses Buch entwickelt.

Es ist eine, sagen wir, journalistische, keine empirische Arbeit. Neben persönlichen Gesprächen bilden etwa zwanzig Interviews sowie Lebensberichte und Briefe von ca. fünfzig Briefpartnern die Grundlage der Darstellung. Ich habe so weit wie möglich die Betroffenen selbst zu Wort kommen lassen; wo ich Verallgemeinerungen versuche, müssen sie sich aus anderen Quellen als den von mir selbst erhobenen Fakten rechtfertigen oder mehr oder weniger wahrscheinliche Spekulationen bleiben.

Dieses Buch will etwas für die Bewußtwerdung schwuler Väter leisten. Aus diesem Grunde legten einige Mitarbeiter auch Wert darauf, das Tabu Homosexualität durch die Nennung ihres vollen Namens zu durchbrechen. Die Namen und Ortsangaben der übrigen Interviewpartner sind geändert: Mehr noch als andere Schwule haben schwule Väter und lesbische Mütter auf Blutsverwandte Rücksicht zu nehmen, besonders auf die eigenen Kinder. Daß diese Rücksichtnahme immer weniger im Verschweigen besteht und immer mehr im Sprechen und Handeln zum Ausdruck kommen kann – dazu möchte das Buch helfen.

Ich weiß, daß es speziell über lesbische Mütter auch manches zu sagen gäbe, was von den hier mitgeteilten Erfahrungen von Männern nicht annähernd gedeckt sein kann. Doch denke ich, das müssen die beteiligten Frauen selbst erarbeiten. Ich fühle mich nicht kompetent, als Mann über die Probleme von Frauen zu schreiben, und bin mir voll bewußt, daß meine Zugehörigkeit zum männlichen Geschlecht ein Erkenntnishindernis darstellt, jedenfalls solange Frauen noch von Männern unterdrückt werden. In den USA hat eine Frau, Joy Schulenburg, über »Schwule Elternschaft« (»Gay Parenting«) geschrieben, und ich denke, daß sie als Frau wenig Mißtrauen vonseiten der Männer erfuhr, die sie interviewt hat. Ich rechne mit dem Mißtrauen von Frauen gegenüber Männern und weiß, daß es seine Gründe hat.

Persönliche Beziehungen sind das Hauptthema dieses Buches. Sie waren auch von Bedeutung bei der Frage, ob jemand bereit war, mir Informationen über sich zur Verfügung zu stellen. Ich habe sehr viele Interview-Partner und -partnerinnen nur einmal gesprochen. Daher war das Gespräch zu Anfang nicht nur vom gegebenen Thema beherrscht, sondern mußte auch Vertrauen aufbauen.

Weiter ergab sich ein Problem von Solidarität und Kritik mit meinen Informanten. Denn längst nicht alles, was mir berichtet wurde, konnte meinen Beifall finden. Es wäre illusionär zu glauben, ich könnte völlig »wertneutral« wie ein Spiegel das aufnehmen und wiedergeben, was mir berichtet wird. Bisweilen hatte ich etwa den Eindruck, daß ein Gesprächspartner um die Sache herumredete, daß sie oder er Tatsachen verschwieg, die unangenehm hätten sein können. Manches konnte ich durch Nachfragen dann doch noch herausbekommen, aber aus dem schon genannten Grund mußten solche Nachfragen sehr behutsam sein. Daher muß sicher manches stehenbleiben, was unangemessen harmonisiert.

Ich sah mich aber auch bisweilen gezwungen, nachträglich etwas zu deuten oder zurechtzurücken. Die Zusammenfassungen, die ich aus Platzgründen oft machen mußte, sind selbstverständlich immer auch Deutung. Ich hoffe, das ist mit der genügenden Vorsicht geschehen, um weder den Lesern die Beurteilung aus der Hand zu nehmen, noch in einen allzu großen Konflikt mit dem Selbstbild der beteiligten Personen zu geraten.

Besonders schwierig war natürlich das Gespräch über Abwesende, vor allem über die Ehefrau. Nur wenige Frauen schwuler Ehemänner waren zu einem Interview bereit. Ich fand aber im allgemeinen eine sehr um Gerechtigkeit und Ausgewogenheit bemühte Beurteilung bei meinen Interviewpartnern.

Zusammenfassende Darstellungen wie die hier vorliegende machen leicht den Eindruck eines geschlossenen Bildes und spiegeln eine Harmonie vor, die in Wirklichkeit nicht besteht. Die Wirklichkeit ist immer noch anders. Zudem bleiben ja die hier beschriebenen Prozesse nicht stehen, ich konnte nur einen Ausschnitt aus der Biographie und einen gegenwärtigen Zustand beschreiben, der aus einer späteren Sicht vielleicht noch ganz anders gedeutet werden muß.

Ich weiß auch nicht, ob diese Darstellungen und Berichte irgendetwas »beweisen« können – außer vielleicht die Tatsache, daß das Phänomen schwuler Väter und lesbischer Mütter häufig ist und zur gesellschaftlichen Frage in dem Maße wird, in dem die Beteiligten sich ihrer Situation bewußt werden und nach Auswegen und Anerkennung suchen. Bisherige Studien über Homosexualität wie die von Dannecker/Reiche (Frankfurt 1974, S. 297–303 und 363–367) haben dieses Thema entweder mehr oder weniger ausgeklammert oder aber abgewertet. Die hier gesammelten Berichte zielen jedoch auf Betroffenheit, Identifizierung und Handeln – Theorien und Erklärungsmodelle sind bereits zahlreich erarbeitet worden, ich kann nur auf einige von ihnen im Text und im bibliographischen Anhang verweisen.

Die mögliche Betroffenheit bezieht sich durchaus auch auf den sogenannten »P-Wert«, wie Maria Marcus, die Autorin eines Buches über weiblichen Masochismus es scherzhaft nennt. »P-Wert« ist für sie der pornographische Gehalt in Dar-

stellungen jeder Art, ob nun direkt angestrebt oder nicht. Ich bekenne frei, daß ich nicht die Absicht hatten, diesen »P-Wert« besonders niedrig zu halten, und hoffe, auch in dieser Hinsicht Gründe zum Lesen zu bieten.

Ganz herzlich danke ich allen, die mich bei meiner Arbeit unterstützt haben, besonders der »Redaktionsgruppe« mit Hans Danielkewitz, Wolfgang Gleitz, Frank Löwe, Rolf Lützerath und Peter Traut. Wolfgang Jung hat mir die Arbeit zweier Interviews in Berlin abgenommen, und Peter Traut hat das Manuskript kritisch begutachtet.

ZWEI LEBENSBERICHTE

Wolfgang Gleitz:

Wie ich mein Coming Out erlebte

Die Frage, »Wie kommt es, daß du schwul bist, aber verheiratet warst?« bekomme ich oft gestellt. Das können sich nur wenige vorstellen, 22 Jahre verheiratet zu sein, zwei erwachsene Kinder zu haben und nach dieser Zeit plötzlich ein Coming Out zu feiern.

Natürlich habe ich inzwischen oft darüber nachgedacht, warum mir mein Schwulsein nicht eher bewußt wurde. Dazu muß ich ergänzen: Jahrgang 1937, ich war 18 im Jahr 1955! Ich erinnere mich an unbestimmte Empfindungen in der Jugend. Es faszinierte mich die aufgekrempelte Turnhose des Sporttrainers, ich überraschte meine Eltern mit einer knappen »Dreiecksbadehose«, oder es erregten mich Fotografien schweißnasser Sportler beim Basketball. Ich erinnere mich an Schulfreunde, die ich gern mochte; ich wünschte heimlich mit ihnen mit Rad und Zelt unterwegs zu sein. Aber solche Empfindungen haben nicht ausgereicht, um mir klarzumachen, daß ich wirklich schwul war. Ich hatte am Ende der Schulzeit und zu Beginn meiner Lehre die Familie durchaus als Wunschvorstellung vor mir. Ich glaube, ich habe mich damals auch gar nicht verstellen müssen, weil ich gar nicht die Absicht hatte, ein schwules Leben zu führen. Die Familie war einfach meine Zukunftserwartung, und so kam es dann eben, daß Berufsausbildung, Existenz- und Familiengründung selbstverständlich zusammenpaßten und die ungewisse Homosexualität beiseitegestellt wurde. Ich dachte, diese unklaren Gefühle werden sich auch geben, wenn ich erst einmal außer vereinzelten Kontakten regelmäßigen Sex haben würde, und warum sollte mit mir etwas anders sein? Ich will auch gern bekennen, daß ich mich in der neuen Lebensform der Ehe wohlfühlte und daß ich lange Jahre wirklich glücklich war.

Es sind schon unglaubliche Erlebnisse, wenn man Vater wird! Plötzlich ist da ein drittes Wesen, nimmt den Alltag total in Anspruch, nichts gibt es mehr, das nicht auf das Baby gerichtet ist. Nur noch sein Atmen und Schreien, Trinken und Schlafen, Windeln und Versorgen. Ich erinnere mich an die winzigen Hände in meiner Hand, als ich zum ersten Mal die Fingernägel schneiden mußte. Dieses hilflose Würmchen, das ins Krankenhaus mußte mit einer Infektion. Es ist fast unmöglich, es allein zu lassen, zu schlafen, ohne daß sein hilfloses Leben ganz nah ist. Und dann mit dem zweiten! Ich erinnere mich, wie ich mit dem einjährigen Sohn sprach, als die Tochter geboren war!

Es gab Zeiten, da sang ich laut Gershwins *»Summertime«* bei offenem Fenster im alten VW, wenn ich nach Hause fuhr. Ich glaube, das war Glück! Die Kinder waren mir wichtig, und ich glaube auch, daß sie mich als Vater mochten und brauchten.

So kam das Bewußtsein, daß ich eigentlich schwul bin, erst im Laufe der Zeit, erst als die Familie existierte und die Kinder schon älter waren. Manchmal hatte ich mir (mit zitternden Händen!) ein Magazin gekauft, dessen Bilder mich nicht mehr losließen und mich bis in Träume und Sex verfolgten. Ich merkte, daß mich beim Sport mehr der Männerverein interessierte oder das gemeinsame Duschen. Später habe ich Situationen gesucht, die mich in die Nähe von Schwulen brachten. Die Verhaltensweisen dazu mußte ich allerdings erst lernen. Ich freute mich immer mehr auf die Zeiten, die ich allein bestimmen konnte, möglichst weit weg von der Familie. Dazu gab es von Zeit zu Zeit berufliche Vorwände. Daneben veränderten sich meine Träume: Immer mehr waren es Traumgeschichten mit einem Mann, der ein großes Haus bewohnte und den ich besuchte, mit dem ich zusammenlebte und zusammen schlief. Aus den unklaren Gefühlen der Jugend wurden immer schärfere Bilder, die mir sagten: Ich bin schwul!

Und mit diesem neuen Bewußtsein drängte sich zusätzlich das Wissen auf, daß sich in meinem Leben nicht alle Pläne so verwirklicht hatten, wie ich es mir früher mal vorgestellt hatte. Es gab unüberwindliche Gegensätze zwischen mir und meiner Frau in grundlegenden Fragen, also etwa das Geld betreffend oder die Erziehung der Kinder oder den Lebensstil. Wir hatten keinen offenen Streit, aber wohl beide das Gefühl, daß wir unsere selbstgesetzten Lebensziele nicht erreichten. Ich hatte den Eindruck, daß in Gesprächen aus allen meinen Positionen Kompromisse wurden. War ich mit einem Kompromiß einverstanden, wurde er unversehens als meine Ausgangsposition neu definiert, von der aus ich mich wieder auf andere Ansichten zuzubewegen hätte. Warum aber sollte ich mich fortgesetzt in den gemeinsamen Positionen nicht mehr wiedererkennen? Wozu ließ ich mir meine Wünsche abnötigen? Mitunter versuchte ich, für mich vorsorglich die Grenzen zu beschreiben, über die ich unter keinen Umständen mehr gehen würde.

Dann kam etwas dazu, was man wohl mit einem Schlagwort »Midlife-Crisis« nennt: Ist nun alles gelaufen, bin ich jetzt eigentlich vor dem Ende, pendelt sich alles in unveränderlicher Normalität ein, bringt mir der Rest meines Lebens nur noch Anpassung? Dabei fühlte ich mich noch in jeder Hinsicht leistungsfähig, trieb Sport, gefiel mir durchaus vor dem Spiegel und spürte meine Sexualität.

Es gibt zwei Lieder von Robert Long, die ich sehr gut verstand; ich konnte sie damals nicht hören, ohne nasse Augen zu bekommen. Das eine ist »Lebenslänglich«, das sehr genau diese Situation beschreibt, die Erfahrung, daß alles schon gelaufen ist, daß man nichts mehr bewegt und schließlich seine eigenen Wünsche lebenslänglich einkerkert.

Das andere Lied paßte auch sehr genau zu meiner damaligen Lage: »Thorbeckerplatz«. Es beschreibt, wie sich zwei Männer treffen und miteinander schlafen, wobei einer dann nach dem Frühstück gesteht, daß er verheiratet ist. Dieses Lied hörte ich, als ich meine ersten schwulen Abenteuer hatte, als ich Männer traf, in der Kneipe, auf der Klappe, auf der Straße, und auch mit ihnen schlief.

Eigenartigerweise habe ich überwiegend verheiratete Männer als Partner getroffen. Mir ist damals deutlich geworden, wie viele verheiratete Männer schwul sind. Ich habe bei diesen Partnern bald gemerkt, daß das Doppelleben, das die meisten führen, wirklich krank macht. Es gibt einfach keine Perspektive, wenn man als Schwuler verheiratet ist und zwei Wirklichkeiten seines Lebens nicht miteinander verbinden kann.

Aber zunächst hatte ich selbst gerade erst mit dem Doppelspiel begonnen: abends eine Begegnung suchen, oftmals enttäuscht nach Hause gehen, mitunter einen Partner finden und am Morgen wieder scheinbar »normal« weiterleben, Frühstück machen, zur Arbeit gehen. Das kann man nicht lange aushalten (oder doch?), und so wußte ich bald, es wird sich etwas verändern müssen, nur wann?

Damals standen die Abiturspüfungen der Kinder bevor, und ich wollte so lange warten, bis diese Belastungen zu Ende waren. (Heute weiß ich, wie sehr ich meine »Pflicht« verinnerlicht hatte!) Es kam aber in dieser Zeit auch zu der Begegnung mit dem Freund, mit dem ich heute noch zusammenlebe, sodaß dann der Entschluß mehr und mehr reifte, jetzt muß es sein, jetzt müssen es alle wissen!

Das klingt heute leichter, als es damals war. Davor standen nächtelange und tränenreiche Gespräche, die er sich geduldig angehört hat. Schuld, Zweifel und ein unklares Selbstwertgefühl waren aufzuarbeiten, und ich hatte einen guten Freund dafür! Er hat zugehört, bestätigt, geraten, getröstet und »Schluß – aus – fertig!« gesagt. Diese Nächte waren wie Beichte und Absolution: erst alles aussprechen, und dann »Nimm hin, das ist mein Leib!« Nachts um drei ging ich erleichtert und gelöst nach Hause, konnte den nächsten Tag lachen und pfeifen, bis Schuld und Zweifel mich wieder einholten. Nur – zurück zu einer Heteroexistenz – das ging nicht mehr!

Durch einen Zufall hatten wir dann im Sommer nach unserer Begegnung gemeinsame Ferien, und ich wußte: Bei diesen Ferien gibt es nur noch ein Vorher und Nachher. Wenn wir uns während dieser Ferien verstehen, sind die Würfel gefallen.

Es wurden sehr schöne Ferien!

Ich habe mir dann überlegt, wie fange ich es an mit dem Coming Out? Das steht zunächst wie ein unüberwindliches Hindernis bevor. Es darf nicht sein, dachte ich, daß nebenbei gerüchteweise irgendetwas verbreitet wird, daß auch noch Mißverständnisse produziert werden. Ich mußte also selbst und schnell und in der richtigen Reihenfolge informieren: erst meine Frau, dann die Bekannten und Kollegen. Diese Reihenfolge habe ich auch eingehalten; mitunter brauchte ich einen Schnaps, um loszugehen und zu sagen: »Ich muß euch etwas mitteilen ... Ihr kennt doch den Herbert – also ich gehe mit ihm ins Bett, ich bin schwul!« Wie gut habe ich mich danach gefühlt! Nun war es raus – nun werde ich freier!

Die Reaktionen darauf waren ganz unterschiedlich:

Nach langer Ehe ist das sicher keine angenehme Information für die Frau, es hat viele Tränen gegeben auf beiden Seiten. Die Kinder fragten mich, ob sie »gewollt« waren, sie wollten wissen, ob sie nun versehentlich gezeugt wurden, ob ich sie mir gewünscht hätte, und das konnte ich nur bestätigen. Meine Eltern waren natürlich auch betroffen. Vielleicht haben sie allein ins Taschentuch geheult, das habe ich nicht gesehen. Sie haben mir keine Vorwürfe gemacht, höchstens sich selbst. Aber was ich großartig fand, ist, daß sie dann auch gelernt haben. Sie haben jetzt durchaus ein anderen Verhältnis zu Schwulen als vorher. Meine Verwandten haben es hingenommen. Ich war einmal sehr überrascht, als eine Schwägerin mir sagte – und von ihr hatte ich es nicht erwartet –: »Mein Gott, was mußt du gelitten haben!« Mit den Kollegen hatte ich keine Probleme, ihre Reaktionen waren positiv. Freunde und Bekannte, die wir vorher gemeinsam hatten, haben sich natürlich sortiert. Ich habe das auch nicht anders erwartet.

Und dann?

Ich glaube, meine Frau und ich sind schonend miteinander umgegangen, auch wenn es zu tiefgreifenden Veränderungen kam. Trennungsjahr und Scheidung – erleichtert durch doppelte Berufstätigkeit, erwachsene Kinder und keinen Hausbesitz. Ich habe manchmal mitangesehen, wie wegen wirtschaftlicher Abhängigkeit und gemeinsamen Besitzes die Scheidung für beide Partner zur Qual wurde oder einfach nicht stattfand. Was mit unserer Scheidung an persönlichem Leid für meine Frau verbunden war, kann ich nur vermuten. Zunächst war es scheinbar ganz leicht, das Geschirr und die Möbel aufzuteilen und sich dabei zu versichern, daß man doch noch freundschaftlich miteinander umgehen kann. Später wurde es schwieriger; Besuche, Weihnachten und Geburtstage wurden bald Anlässe zu Tränen und Vorwürfen.

Ich glaube, daß die Ehe eine Partnerschaftsbeziehung so überdecken kann, daß die Eheleute in die Gefahr geraten, die Institution »Ehe« für die Beziehung zu halten. In einer Partnerschaft wie einer schwulen Beziehung, die nicht rechtlich gebunden ist, muß man sich täglich neu vergewissern, ob der Zusammenhalt noch funktioniert. In der Ehe verläßt man sich darauf. Wenn dann etwas passiert, was die Beziehung so sehr in Frage stellt, daß die Institution auch nicht mehr stützen kann, dann reagieren Ehepartner mit Schuldzuweisungen und Enttäuschung. Ganz besonders dramatisch ist sicher die Offenbarung des schwulen Ehemannes; das ist für eine Frau wohl ein Vorgang, den sie überhaupt nicht beeinflussen kann. Die Partnerin erlebt eine totale Hilflosigkeit, insbesondere, wenn sie schon älter ist. Aber deswegen nichts mitteilen, alles verstecken, nur noch schweigen?

Eine Gesellschaft, die mögliche Spielarten der Sexualität diffamiert, verwundet nicht nur die Betroffenen. Das Leid mangelnder Selbstverwirklichung wandelt sich nach und nach in gestörte Sozialbeziehungen. Aus dem individuellen Leid wächst das Leid einer Gruppe. Betroffen sind letztlich alle. Das kann der Einzelne nur durch Selbstverleugnung abschwächen.

Ich kann heute nur noch lachen, wenn ich von einem Hetero höre, er sähe schon von weitem, wer »normal« oder »homo« sei. Da ich nun beide Lager und auch die »heimlichen Grenzgänger« kenne, weiß ich, wie »unnormal normal« viele Schwule sind. Ich bin inzwischen überzeugt davon, daß die Zahl der schwulen Ehemänner die der »nur schwulen« Manner übersteigt. Wir sind die Mehrheit!

Mein Leben hat sich seit dem Coming Out sehr verändert. Ich erinnere mich, wie sehr ich es genossen habe, mich unmittelbar danach ohne Angst in einer rappelvollen schwulen Kneipe zu drängen: stolz zu wissen, du bist jetzt einer von ihnen, verstehst immer mehr ihre Signale und Verhaltensmuster. Ich empfinde jetzt die Einheit mit mir selbst. Ich mochte früher keine Liebeslieder hören; sie waren mir zu schnulzig. Jetzt plötzlich spüre ich die Möglichkeit der Identifikation: Auch meine Gefühle lassen sich singen! Ich erlebe neue Freiheiten: die Möglichkeit, mich von Besitz zu trennen, die Sicherheit im Umgang mit anderen, die Möglichkeit, freier zu sprechen, die Gelassenheit, täglich alles zuzulassen. Mitunter ertappe ich mich bei einem tiefen Aufatmen.

Das Verhältnis zu meinen Kindern ist neu erstanden. Wir können sehr offen miteinander umgehen. So hat sich meine Tochter auch schwule Literatur ausgeliehen und ist einmal in eine schwule Gruppe mitgegangen. Beide Kinder kennen und mögen meinen Freund. Die Voraussetzung für den menschlichen Umgang miteinander ist unsere uneingeschränkte Offenheit. Die Kinder haben eine wesentliche neue Erfahrung machen können: Sie haben erlebt, daß ihr Vater sexuelle Bedürfnisse hat – was in der Familie meist tabu ist. Darüberhinaus beobachten sie den schwulen Alltag unserer Partnerschaft und müssen feststellen, daß dieser Alltag lebenswert ist.

Wichtig für unsere neue Beziehung war, daß wir beide Partnerschaftserfahrungen mitgebracht haben, die unser Verhalten bestimmen (dazu gehört Verläßlichkeit und Pünktlichkeit bei Verabredungen, Verzicht auf Fernsehen u. a.) Sicher schafft auch das fortgeschrittene Alter eine Situation, in der man leichter warten und verstehen kann (was nicht bedeutet, nicht mehr scharf aufeinander zu sein!).

Wichtig ist die Selbstverständlichkeit und Öffentlichkeit unserer Beziehung. Wer in unsere Wohnung kommt, weiß sofort, daß wir schwul sind. »Glad to be gay« gleich über dem Telefon und die Bilder an den Wänden lassen keinen Zweifel zu. Der Rosa Winkel ist an der Jacke, am Fahrrad, am Auto.

Bisher gab es erst ein Beispiel einer nicht positiven Reaktion: Wir hatten zum Germanistenkongreß nach einem Aufruf der Universität unser Gästezimmer angeboten. Es wurde besichtigt, und wir wurden gefragt, welche Wünsche wir hinsichtlich des Gastes hätten. Wir haben gesagt, daß wir nicht rauchen und von dem Gast erwarten, daß er unsere schwule Beziehung toleriere. Nach langem Warten (der Aufruf nach Gastzimmern wurde in der Zeitung wiederholt) kam eines Tages ein Anruf, daß unser Zimmer nicht gebraucht würde, man könne einem Gast nicht zumuten, nicht zu rauchen! Nun ja.

Alle anderen Reaktionen sind positiv. Manche (Hetero-)-Bekannte finden es besonders wichtig, mit uns zusammenzusein. Mitunter wird ein »Aha«-Erlebnis auch ausgesprochen.

Wir haben auch Problemsituationen hinter uns: Krankheiten, berufliche Veränderungen. Wir haben Erfahrungen darüber gewonnen, was wir in diesen Situationen gemeinsam bewältigen können. Noch überwiegt die Erfahrung, daß wir bei einer Belastung nur stärker werden.

Wir haben viele Dimensionen, die wir glücklich ausleben: Täglich gibt es Debatten darüber, wer kochen »darf«. Wir arbeiten gern zusammen, suchen uns Gelegenheiten und die gemeinsamen Ferien dazu und schätzen die Bestätigung, die aus selbstbestimmter Arbeit rückwirken kann. Wir genießen unsere Wohnungen, lieben Musik. Mit dem Theater verbindet uns sein Beruf, ich verwöhne ihn dafür mit Literatur zu Didaktik der Technik und mit Computerchinesisch. Wir planen unsere «Schnittmenge«, das ist die Zeit, die wir neben der Arbeit und anderen Verpflichtungen gemeinsam haben.

Da war doch noch etwas? Ja, ich glaube, wir lieben uns wohl. Manchmal verändert diese Gewißheit den Alltag spürbar.

Happy end?

Happy ja – end noch nicht.

Ich bin glücklich, noch lernen zu können. Das Dokument eines Standesbeamten wäre keine Lebenshilfe mehr. Mitmenschlich, frei, aufrichtig will ich leben. Wenn täglich sein kann, daß die Beziehung zerstört wird, werden wir uns täglich prüfen, ob wir noch als Partner zusammenleben wollen. Wenn wir uns fallen lassen, spüren wir, ob wir noch stehen.

Georg

Ich bin 31 Jahre alt, hab mit 20 geheiratet, mit 15 schon meine spätere Frau kennengelernt. Ich komme vom Lande, vom tiefsten Dorf – ja das gibt es noch im Rhein-Main-Gebiet. Wir hatten zu Hause eine große Metzgerei.

Ich hatte keine schöne Kindheit. Obwohl ich das nach außen immer so kundgetan habe, im Innern war ich nie zufrieden. Es ging nie ans Eingemachte, meine Kindheit war total auf das Geschäft ausgerichtet. Ich hab' noch einen Bruder, mit dem ich auch einen ganz guten Kontakt habe, aber das ist ein total langweiliger Typ, der sich beizeiten abgeseilt hat. Der hat diesen ganzen Familienkram von Anfang an abgelehnt. Der hat mit 14 schon gesagt, macht euren Mist selbst, das geht mich nichts an.

Ich hab einen cholerischen Vater. Meine Eltern kannten sich erst ein halbes Jahr, da ist meine Mutter schon schwanger geworden. Ich kam auf die Welt, da waren die noch nicht verheiratet. Das war 1956, du kannst dir ja vorstellen, wie das auf dem Dorf war. Er kommt aus einem ganz katholischen Elternhaus.

Meine Eltern führen eine ganz schlechte Ehe. Meine Mutter ist ein Wirbelwind, so eine richtige Geschäftsfrau, ich liebe sie abgöttisch, obwohl sie das eigentlich gar nicht verdient hat, und mein Vater – na, das ist einfach ein blöder Hund. Und trotzdem gehe ich noch auf ihn ein und ärgere mich dann doppelt. Und er kann halt auch nicht für alles was. Er hat eine bitterböse Mutter gehabt, meine Oma, die ist letztes Jahr erst gestorben, mit 85, die war scheinheilig bis zum höchsten Grad.

Als wir so 9–12 Jahre alt waren, da waren meine Eltern, glaub ich, in der allerschlimmsten Krise. Die haben sich den ganzen Tag nur beschimpft. Und immer dieses Geschäft und dieses Versteckspiel vor den Leuten, da konntest du Gefühle gar nicht zeigen. Da kam so eine Zeit, da bin ich regelmäßig mit unserer Nachbarschaft, das waren ja alles Bauern, ins Feld gefahren, nur um von zu Hause weg zu sein. Und trotzdem: Seit ich einigermaßen denken kann, hat es geheißen, der Georg wird Metzger. Ich habe nachts wach im Bett gelegen und gedacht, wenn mich nur einer mal fragen würde, ob ich das überhaupt will! Aber ich hatte nie den Mut zu widersprechen.

Dann hat mein Vater 1972 gebaut – ins Uferlose. Damals war ich 16 Jahre alt, ich wußte, daß das in die Hosen ging, aber es war keiner da, der ihm Einhalt gebieten konnte. Mein Opa – das war ein toller Mensch, auch ein guter Geschäftsmann – der hat's auch nicht geschafft, ihn zu bremsen. Er hat dann für eine Million gebaut, hat sich total verschuldet, und da ging dann das Dilemma los. Und als er dann mit den Schulden nicht mehr ein noch aus wußte, hat er sie einfach an meine Mutter und mich delegiert. Hat sich aber auch so gemein aus der ganzen Sache rausgehalten: Er hat uns praktisch zehn Jahre lang in Schach gehalten, indem er bei der kleinsten Kleinigkeit angefangen hat zu schreien. So ein Choleriker – bilderbuchmäßig war das! Und es hing auch zu viel daran. Ich hab in dieser Zeit oft zu meiner Mutter gesagt, laß dich scheiden, jag ihn zum Teufel! Aber es ging gar nichts. Sie hat so still ihr Asthma vor sich hergeschoben, und da haben wir halt so weiter gewurschtelt. Und ich hab trotz allem auch meinen Beruf gemacht, zehn Jahre lang. Mit mehr oder weniger Freude.

Ich war in der Landjugend, da hatte jeder mit 15, 16 seine Freundin, ich also auch. Und da hab ich mir scheinbar auch die richtige Frau rausgesucht, die paßt wohl zu jemand Schwulem wie mir, scheint mir. Es war keine Frau, die so viel Sexualität gefordert hat, es war alles mehr so ein kindliches Rumgespiele, denk ich mir heute, wenn ich so zurückblicke – damals war ich schon stolz darauf.

Meine Frau kommt aus der Landwirtschaft. Ich hatte zu Hause viel Ärger mit meinen Eltern, Katrin auch, und da hat man sich halt so zusammengerauft. Und plötzlich war sie dann schwanger. Und dann haben wir gesagt, na, dann heiraten wir auch. Und dann kam der Jochen auf die Welt, wir sind im Geschäft voll mit eingestiegen, ich hab zwischenzeitlich die Meisterprüfung gemacht als Metzger. Sie hat umgeschult, sie war Arzthelferin von Beruf, hat auch ihre Meisterprüfung gemacht, und wir waren eigentlich *das* Ehepaar im Ort. Anerkennung in allen Ecken und Gassen! Aber ich hab' bald gemerkt, daß ich unzufrieden war.

Ich hab mich immer mehr erwischt, wie ich Illustrierte durchgeschaut habe, da hab ich immer nackte Männer gesucht. Das Komische an der Sache ist, es gab für mich damals keine Homosexualität. Daß ich zu dem Zeitpunkt gedacht hätte, ich bin schwul – ich weiß nicht, wo ich's hingesteckt habe. Aber da waren eben die Probleme in unserem Geschäft, und ich war von morgens bis abends drei Jahre lang rund um die Uhr im Geschäft. Ich war zehn Jahre lang nicht im Urlaub, das lenkt einen wirklich von allem ab.

Heute bin ich sicher, ich war mit 12 Jahren schon stockschwul. Ich weiß noch genau, damals gab es die Winnetou-Filme von Karl May, und ich war unsterblich in Pierre Brice verliebt, richtig erotisch verliebt auch, aber das ist mir alles erst zehn Jahre später gedämmert. – Na ja, das hat sich dann immer mehr zugespitzt. Ich hatte dann auf einmal die Wunschvorstellung, nackt auf einem nackten Mann zu liegen, hatte aber auch größte Angst davor.

Wir hatten eine Lieferung nach Mainz an den Hauptbahnhof, und da hatte ich dann meinen ersten sexuellen Kontakt mit einem Mann. Da bin ich voller Angst auf die Klappe gegangen, unten im Bahnhof, und da hat mich auch ein Mann angemacht und hat an mir onaniert da unten auf der Toilette. Ich dachte, um Gotteswillen, wenn dich jetzt jemand erwischt, erschießt er dich!

Als ich das mal gemacht hatte, da wußte ich, da stimmt was nicht. Dann dachte ich, es muß ein zweites Kind her. Ich hab wahnsinnig gern Kinder, und ich dachte, wenn noch ein Kind kommt, geht meine Lust auf Männer vielleicht weg. Wir wollten sowieso noch ein zweites Kind, und zufälligerweise hat es auch sofort geklappt. Und so kam denn der Karl. Das Kind war da, und die sexuelle Beziehung zu meiner Frau wurde immer weniger. Sie hatte auch nach dem zweiten Kind ein bißchen Malheur, sie hatte einen Dammschnitt, und das war so schlecht verheilt, also wir hatten ein ganzes Jahr keine Sexualität mehr miteinander.

Zwischenzeitlich hatte ich mich dann mal einem Freund von uns beiden anvertraut, einem katholischen Priester, und hab dem gesagt, daß ich schwul bin. Und das Komische an dem Gespräch war, daß ich gar nicht zuerst gesagt hab, ich bin schwul, sondern mein erster Satz war: Wolfgang, ich muß von der Katrin weg! Und unlängst fiel mir das mal ein, daß ich eigentlich damals schon genau wußte, was ich machen will. Obwohl es dann noch Hunderte von Rückschlägen gab, bis es so weit war. Na, ich habe dem gesagt, daß ich schwul bin, und im gleichen Atemzug hat er mir auch gestanden, daß er schwul ist. Obwohl, ich muß dazu sagen, das war mir wurscht. Zu dem Zeitpunkt ging es mir wirklich nur um mich. Ich dachte auch nicht daran, daß er jetzt mehr Verständnis für mich hat.

Denn zu dem Zeitpunkt wollte ich nicht schwul sein. Ich hatte ihn eigentlich auch angesprochen, ob er einen Rat weiß, wie ich davon wegkomme. Und er hat mir dann einen Psychotherapeuten empfohlen im psychiatrischen Krankenhaus in Gießen, und da bin ich dann auch hingefahren.

Davor hatte ich mit meiner Frau auch darüber gesprochen; der Priester hatte gemeint, ich muß es ihr sagen. Na ja, ich hab's ihr dann irgendwann unter einem totalen Nervenzusammenbruch eingestanden, und sie hat's eigentlich so hingenommen und gesagt, ach, wir schaffen das schon zusammen, war aber im Nachhinein auch sehr fertig. Wir hatten dann acht Tage, wo wir total am Boden zerstört waren. Und dann bin ich nach Gießen zu dem Therapeuten gefahren und hatte in den alle Hoffnung gesetzt, ich dachte immer, der heilt mich, der schafft das. Der Mann hat mir am Anfang immer sehr viel zugehört, und ich hab ihm natürlich auch alles erzählt, mit meinen Eltern und dem Geschäft, das war auch eine schlimme Sache. Aber während der Zeit, in der ich nach Gießen gefahren bin, da fing es auch an, daß ich nach Frankfurt in die Szene gefahren bin, mit Erlaubnis meiner Frau. Aber sie konnte es dann doch nicht ertragen. Es waren auch ganz schlimme Abende dabei, da hatten wir vereinbart, daß ich um elf Uhr daheim sein sollte, aber um halb elf hab ich jemanden kennengelernt und hab mit dem gesprochen, der wär auch gern mit mir ins Bett gegangen – aber ich hatte dann immer die Zeit im Kopf, und dann wurde es doch zwölf.

Ich war auch in der Zeit so gierig auf Sex und so geil; anders hätte ich zu Hause diesen ganzen Frust überhaupt nicht ertragen können. Na ja, dann bin ich weiter nach Gießen gefahren, und am Anfang hätte ich sonstwas dafür gegeben, wenn der mich umgekrempelt hätte. Aber auf einmal habe ich gemerkt: Ich will's gar nicht mehr. Und komischerweise hat der Therapeut in dieser Phase mal so eine Bemerkung gemacht, die Beziehung zu meinem Vater wär ja so verknüpft und schwierig, wenn da mal ein bißchen Luft reinkäme, würde sich mit meiner Sexualität auch noch vieles bewegen. Und ab dem Tag bin ich dann nicht mehr hingegangen, als ich gemerkt habe, jetzt will er mich vielleicht ändern, da wollte ich dann nicht mehr.

Das hatte denn auch beruflich ganz schlimme Konsequenzen. Wir waren im Ort so bekannt, wir waren in allen Vereinen... Wir hatten eine Filiale in Darmstadt, und dann ist meine Frau mit den Kindern dorthin gezogen und hat die Filiale übernommen.

Bis dahin waren wir zu Hause vier Generationen: meine Großeltern waren noch mit dabei. Und meine Eltern und Großeltern mußten auch irgendwann informiert werden, daß die Katrin jetzt auszieht mit den Kindern. Es war eine ganz böse Zeit. Ich war manchmal im Tran, ich wußte gar nicht mehr, wo mir der Kopf steht. Der Jochen ist am 11. Oktober sechs geworden, und am 12. Oktober ist die Katrin ausgezogen mit Kind und Kegel, ohne daß irgendjemand das wußte, lediglich meine Eltern wußten das. Meinen Großeltern hatten wir das zwei Tage vorher gesagt. Die sind natürlich aus allen Wolken gefallen – aber sie haben nie danach gefragt, was denn wirklich der Grund ist. Sie waren sehr empört, haben mir auch große Vorwürfe gemacht.

Na ja, auf jeden Fall ist sie dann nach Darmstadt gezogen und hat mit meinem Vater zusammen die Filiale geführt. Zwischenzeitlich wußte auch mein Vater, daß ich schwul bin, meine Mutter wußte es früher schon, und mein Vater hat sich da total distanziert. Er wollte mit der Sache nichts zu tun haben. Und er hat dann allen Bekannten und Freunden erzählt, er bringt uns wieder zusammen: ich hab gekocht in der Zeit! Und dann ging's auch nicht gut zwischen meiner Frau und meinem Vater. Die Katrin war total unzufrieden in Darmstadt, die saß da in so einem Häuserblock in einem Neubaugebiet. Sie wäre auch gern in ihrem alten Beruf wieder arbeiten gegangen. Und da gab's dann auch noch wirtschaftliche Probleme, dann haben wir die Filiale bald wieder aufgegeben, und die Katrin sagte, sie sucht sich wieder eine Arbeit als Artzhelferin.

Und dann haben wir gesagt, es wäre vielleicht doch sinnvoll, mit den Kindern wieder in die Nähe meiner Mutter zu kommen wegen der Betreuung, denn damals stand an, daß der Große in die Schule kam. Und dann ist sie Gottseidank wieder zurückgezogen, und das war eigentlich eine ganz gute Lösung. Inzwischen holt meine Mutter die Kinder von der Schule ab, nimmt sie mit ins Geschäft, und die Katrin geht wieder ganztags arbeiten.

Katrin wollte nie viel mit dem Thema Homosexualität zu tun haben. Aber wir hatten immer Kontakt, durchweg. Sie hat am Anfang große Probleme in Darmstadt gehabt, es wurde auch unheimlich viel geredet. Man hat ihr einen Freund angedichtet, scheinbar ist dann ruckzuck durchgesickert, daß ich tatsächlich schwul bin, ich weiß heute noch nicht, wo es genau herkam. Es war trotzdem so, daß die Leute bald darüber gesprochen haben, so unter der Hand. Die Katrin hat sich in totales Schweigen gehüllt, was man ihr eigentlich gar nicht hoch genug anrechnen kann. Sie hat weder ihren Freunden noch ihrer Verwandtschaft ein Sterbenswörtchen über mich erzählt. Wobei ich ihr da ein bißchen unterstelle, daß sie's auch aus Angst vor dem Thema gemacht hat. Sie wollte auch nicht gefragt werden.

Als sie auszog, hatte ich schon zwei Monate einen Freund, den hat sie erst ganz abgelehnt. Sie hat ihn kurz vor der Trennung auch mal angerufen und ihn beschimpft, ob er überhaupt wüßte, daß er eine Ehe kaputtmacht und zwei Kinder unglücklich macht... na ja, das war so ein Ausrutscher. Und ich hätte mir immer gewünscht, daß die beiden sich mal kennenlernen. Dann hab ich das trotz allem mal bei meinem Freund geäußert, und irgendwann hat er's dann auch gemacht und hat sie angerufen. Dann sind die beiden abends essen gegangen, und von da an war das Eis gebrochen. Die zwei hatten dann untereinander auch öfters mal Kontakt, und die Katrin war gelegentlich an Festen bei uns, wir haben zusammen gegessen. Sie selbst hatte lange Zeit keine Beziehung, immer nur so ganz flüchtige, das hat aber nie geklappt.

Meine Kinder waren sehr gern bei mir und meinem Freund. Wir waren auch zusammen bei seinen Eltern, obwohl das auch ganz einfache Leute vom Land sind, die auch ihre Probleme mit der Veranlagung ihres Sohnes haben, aber das war eigentlich kein Thema. Ich war da sehr herzlich willkommen, da wurde nicht groß drüber diskutiert.

Dann habe ich meinen Beruf gewechselt und bin Krankenpfleger geworden. Den Wunsch dazu hatte ich mit der Katrin schon oft besprochen, und sie sagte: Wenn du das machen willst, dann mach's doch einfach. Na gut, inzwischen hatten wir die Schulden soweit im Griff und die Filiale wieder aufgegeben, dann kam mein Vater wieder heim. Wir haben noch zwei Monate zusammengearbeitet – und er hatte nichts gelernt. Er hat mich kommandiert von morgens bis abends. Ich kann ihm das gar nicht alles zum Vorwurf machen, er hat's einfach nicht gemerkt! Dann gab's auch öfters Streit mit meinem Vater, ich hab mir nichts mehr gefallen lassen, bis ich dann gesagt habe: Vater, ich geh woanders hin. Und er ist wieder hysterisch geworden: »Ja, geh nur weg mit deinem frechen Mundwerk, da wirst du schon sehen, wie weit du kommst«, und: »Du kommst ja sowieso wieder heim«. Also er hat wirklich so eine Vogel-Strauß-Politik betrieben. Der wußte, daß ich überall das beste Ansehen hatte, ich war im Beruf, obwohl ich ihn nicht gern gemacht habe, überall angesehen, ich war im Innungsvorstand, im Prüfungsausschuß, im Kirchenvorstand – das Bild hat nämlich gar nicht gestimmt, das er mir von mir einreden wollte. Ich dachte, gut, dann geh ich, und du wirst schon sehen. Und er war felsenfest davon überzeugt, ich komm wieder heim.

Dann gab's noch mal einen großen Knatsch mit ihm kurz nach dem Examen, das habe ich jetzt im September gemacht. Da war ein großes Hallo, und die Leute haben mir alle gratuliert, als ich heim kam, und alle haben gesagt, Mensch, daß du das geschafft hast, das hätten wir überhaupt nicht gedacht. Nur mein Vater hat sich aus allem rausgehalten. Und dazu hat er mir noch pausenlos was über die Metzgerei erzählt. Also die eine Situation ignoriert und die andere herbeigeführt, daß alle Leute mit dem Kopf geschüttelt haben.

Wenn er mal irgendetwas gesagt hätte, und sei es nur in dem Sinne, ich bin jetzt sehr enttäuscht oder so, dann hätte man ja darüber reden können. Das hab ich ihm dann auch vorgehalten, ich hab ihm gesagt, mit der Zeit müsse er sich umstellen. Ich würde mich ja auch immer weiterentwickeln, und die Kinder würden älter werden, und ich sei nicht mehr so auf ihn angewiesen, und es kann passieren, über Nacht bleib ich mal weg: Und dann sitzt er ganz auf dem Trockenen.

Inzwischen lockert es sich so ein ganz, ganz kleines Bißchen. Ich hab ihn jetzt wenigstens so weit, daß er akzeptiert, daß ich noch einen zweiten Beruf hab und den gern mache und ihm trotzdem helfe. So weit hab ich ihn jetzt. Das sind ganz kleine Schritte, und die kommen nur von mir; ich hab' da auch nie locker gelassen. Wenn ich ganz mit zu Hause gebrochen hätte, ich glaube nicht, daß ich zufriedener geworden wäre. Vielleicht ging's mir heute etwas besser, aber ob ich dann innen drin zufriedener wäre – ich weiß es nicht. Da bin ich wahrscheinlich nicht der Typ dazu.

Es war auch bei uns noch das Problem mit den Schulden. Wenn ich damals ganz weggegangen wäre – er hat dann auch gesagt: Geh doch, ich mach's allein! und er war sich gar nicht darüber im klaren, daß er's gar nicht konnte – dann wäre auch das Geschäft Konkurs gegangen, und ich hätte zehn Jahre für die Katz gearbeitet.

Die Katrin und ich, wir sind beide katholisch erzogen; ich bin von meiner evangelischen Oma katholisch erzogen worden. Nie übertrieben, aber ich hatte einen ganz tiefen, festen Glauben. Und das war ein großes Problem. Erstens schon mal die Trennung von der Katrin und dann noch das Schwulsein, und dann noch diese sexuelle Triebhaftigkeit, das waren ja alles Punkte, die die Kirche verboten hat. Es hat mir viel ausgemacht. Ich hab auch lange Zeiten gehabt, wo ich mich selbst viel angeklagt habe. Hab letztes Jahr nochmal für ein halbes Jahr einen Therapeuten aufgesucht, gerade wegen meiner Sexualität, um das nochmal mit dem zu besprechen; der hat mir nochmal so ein Stück Schuldgefühle genommen.

Ich hab auch heute noch meinen Glauben, und ich glaube an Gott, aber was das jetzt für ein Gott ist, wie der aussieht und so – ich hab kein Gottesbild mehr, ich hab das abgeschafft. Habe Gott auch lange Zeit als strafenden Übervater gesehen, der alles sieht und verfolgt, und hab mich dann auch gefragt, wenn es diesen Vater gibt, warum hilft er dir nicht mal in dieser ganzen Situation. Und bin dann zu der Überzeugung gekommen, daß Gott was ganz anderes ist. Ich halte ihn nicht mehr für ständig präsent, halte es auch nicht mehr für notwendig, daß er immer da ist, aber ich denke, nach unserem Leben, das doch auch geprägt ist durch Geist und Denken und Gehirn, in einer anderen Form als bei den Tieren, denke ich schon, daß es irgendetwas gibt nach dem Tod.

Ich hatte einen ganz tollen Großvater, der September letzten Jahres gestorben ist, der hat mich sehr geprägt. Der hatte eine ganz gesunde Lebenseinstellung. Der hat mir vermittelt, das Leben und den Glauben gelassener zu nehmen. Der ist auch ganz ohne Angst gestorben, obwohl er die Kirche in den letzten Jahren ganz abgelehnt hat. Er hat gesagt, mit diesen Halsabschneidern will er nichts mehr zu tun haben. Hat aber im gleichen Atemzug gesagt, der Herrgott hat uns nie vergessen und vergißt uns auch nicht. Das war wirklich ein toller Mensch. Der schon auch seine Probleme hatte, als ich weggegangen bin und auch am Anfang sehr böse war auf mich, daß ich die Familientradition nicht fortsetze. Aber der Opa war der erste, der gesagt hat, Bub, wenn du das für richtig hältst, dann mach das, dann ist das auch in Ordnung. Und der hatte kein großes Wissen, der hatte aber seine Lebenserfahrung – ein ganz einfacher Mann, aber von dem hab ich viel gelernt.

Wolfgang Gleitz:

Was ich noch sagen wollte

Meinen Eltern

Ich danke euch für euer Verständnis, als ich mein Leben veränderte.
Sicher ist es nicht leicht für euch.
Ich danke euch, daß ihr die Bücher gelesen habt, die ich euch anbot, um mich zu erklären.
Feiertage, Verwandtschaft und Bekanntschaft haben nun Bruchstellen.
Ihr habt Mühe, die Brücken zu schlagen.
Ihr habt meinen Freund angenommen.
Ich weiß, daß auch er euch wirklich mag.
Danke für eure Anteilnahme an meinem schwulen Leben.
Ich hätte euch sonst verlassen müssen.

*

Meiner Frau

Ich habe dich verletzt.
Ich habe dir wehgetan.
Du warst hilflos, denn du konntest nichts ändern.
Verzeih mir.

Auch ich bewahre viele Erinnerungen, die wir zusammen haben.
Ich möchte die Zeit, die wir hatten, nicht vergessen.
Wir haben gemeinsame Kinder.
Sie werden jetzt ihr Leben selbst bestimmen.
Wir waren ihnen die Eltern.
Wir können unsere Vergangenheit nicht zurücknehmen.
Versteh bitte, daß ich mich suchen mußte.
Dauerhafte Liebe kann nicht aus Verzicht entstehen.
Mein Weg hat uns fremd gemacht.
Hast du am Anfang unserer Ehe die Lösungen für alle Probleme gekannt?
Willst du deine Geschichte nun auch bedenken?

Meinen Kindern

Nun wißt ihr es, euer Vater ist schwul.
Laßt euch von niemandem Scham einreden.
Euer schwuler Vater ist glücklich, also muß sich niemand schämen.
Ich habe euch wirklich als Kinder gewollt!
Es gibt keine glücklicheren Augenblicke als Geburt und erste Entwicklung!
Ihr seid immer willkommen.
Ich habe meine Rolle als Vater nicht aufgegeben,
ich habe inzwischen viel mehr von mir entdeckt.
Ich glaube, ich kenne jetzt meine Gefühle.
Liebe lebt auch von persönlicher und politischer Freiheit.
Seid mißtrauisch gegen Regeln und Einschränkungen;
sie meinen nicht Liebe, sondern Unterdrückung.
Helft mit, Vorurteile abzubauen.
Das wird auch eure Freiheit stärken.

*

Meinem Freund

Ich danke dir, daß du mich angehört hast, als ich verzweifelt war.
Ich danke dir, daß ich dir so oft so viel sagen konnte.
Meine Ängste wurden kleiner, nur weil du zuhörtest.
Du bist sehr wichtig in meinem Leben.
Du hast mir meinen Weg gezeigt.
Mit dir werde ich sicher und stolz.
Ertrage auch in Zukunft meine Vergangenheit.
Meine Gefühle müssen noch viel lernen,
du weißt, ich habe nicht
nur schwul gelebt.
Ich freue mich auf jeden neuen Tag mit dir.
Ist das Liebe, was ich für dich empfinde?

Den schwulen Ehemännern

Denk einmal nach: wie lange willst du mit deiner Maske leben?
Keine Klappe hilft dir über lange Zeit.
Verdrängen ist keine Lösung.
Du gehst kaputt.
Du wirst krank.
Es gibt viele Argumente, alles so zu lassen.
Das verstehe ich.
Es gibt aber auch deine Entscheidungen.
Partnerschaft lebt von Aufrichtigsein.
Deine Frau kann mit deinen Lügen nicht glücklich werden.
Den ersten Schritt mußt du tun.
Heute.
Du hast nur ein Leben.

*

Meinen Kollegen und allen anderen

Erzähle keine Witze mehr von schwulen Säuen.
Du lachst auf deine Kosten.
Was steckt hinter deinen Kumpelhaftigkeiten im Betrieb,
in der Kneipe und im Sportverein?
Zuneigung und Liebe kennen viele Spielarten.
Das Leben kann farbiger werden.
Wir könnten einen neuen Anfang machen.
Machst du mit?

UNSCHULD

Wer Schwule nach ihrer Lebensgeschichte befragt, dem vergeht ein für allemal der Mythos von der *»Unschuld«* der Kinder. Oder, besser gesagt, er entsteht in einem neuen Sinn! Denn die Sexualität der Kinder ist unschuldig im besten Sinne des Wortes, bevor die Erwachsenen mit ihren Verboten und Strafen dazwischen kommen.

Sexuelle Spiele von Kindern richten sich ebenso auf das eigene wie auf das andere Geschlecht und sagen wenig über die spätere Orientierung aus. Erst in Vorpubertät und Pubertät beginnt sich das sexuelle Begehren eindeutig auf ein bestimmtes Geschlecht hin zu orientieren, und viele, die sich später als schwul bezeichnen, werden sich darüber schon zu einem sehr frühen Zeitpunkt bewußt. Sie bleiben aber allein mit sich, finden noch keinen Kontakt zu Menschen, die ihnen wirklich Klarheit geben können, und versuchen, ihre Orientierung wieder zu verdrängen.

Ich entdeckte etwa im Alter von 17 Jahren, daß meine bisherige scheue Zuneigung zu Jungen eindeutig erotische Färbung annahm: Einer meiner Klassenkameraden fehlte eines Morgens in der Schule, er war am Abend zuvor unter eine Gruppe von Rowdys geraten, die ihn zusammenschlugen. Der Vorfall war Gegenstand erregter Gespräche in der Klasse, und einer der Lehrer äußerte: »Ich hoffe bloß, daß der Heiko dadurch nicht den Glauben an das Gute im Menschen verliert.« Wohl durch den Umstand, daß diese Äußerung in besonders krassem Gegensatz zu den Gefühlen stand, die mich in diesem Augenblick bewegten, wurde mir auf einmal schlagartig bewußt, daß ich Heiko liebte. Ich stellte mir vor, man überfiele mich, schlüge mich zusammen, ich spürte geradezu die Schmerzen der Schläge im Gesicht, in den Weichteilen, auf dem Rücken. Und diese masochistische Vorstellung erregte mich. Damals gestand ich mir den Masochismus nicht ein; mir diente die Vorstellung, geschlagen zu werden, als Anlaß für Gefühle überhaupt, denn bis dahin war ich eher intellektuell und gefühlsarm.

In diesem Gefühl der Zuneigung für Heiko und später noch für einen anderen aus meiner Klasse begann ich zu schwelgen – doch gleich darauf ergab sich für mich ein unlösbares Problem. Ich wollte nämlich Priester werden, und Homosexualität vertrug sich mit diesem Wunsch überhaupt nicht. So füllte ich bald Seiten über Seiten meines Tagebuchs mit Schilderungen meines Seelenlebens und versuchte auf diese Weise der rätselhafen Neigung in mir auf den Grund zu kommen. Einige Male versuchte ich, auf indirekte Weise bei Älteren Rat zu holen: Ich unterhielt mich mit meiner Mutter oder mit einem befreundeten Geistlichen darüber, daß ich noch nie eine Freundin hatte und daß es mir doch problematisch erschiene, im Zölibat, der von der Kirche verlangt wird, auf etwas zu verzichten, was ich gar nicht kannte. Der Wink wurde aber nicht verstanden. Statt dessen erhielt ich die Empfehlung, mich doch auf jeden Fall auf mein anfängliches Vorhaben, Priester zu werden, einzulassen, dann würde ich schon sehen, ob ich damit zurechtkäme.

Knapp fünf Jahre später, als ich mich aus den Fesseln der Kirche zu befreien begann, suchte ich sexuellen Kontakt zu Männern und fand ihn auch. Doch wurde ein erfolgreiches Coming Out diesmal durch ein Verlangen des Staates abgeschnitten: Ich wurde zur Bundeswehr einberufen, mein Antrag auf Anerkennung als Kriegsdienstverweigerer blieb erfolglos.

Während meiner Dienstzeit lernte ich Sibille näher kennen, mit der ich bereits vorher einen Briefkontakt begonnen hatte. Im Urlaub reiste ich ihr nach Italien hinterher; sie war dort mit einer Reisegruppe. Es ergab sich, daß ich nicht im selben Haus wohnen konnte wie Sibille und ihre Gruppe, sondern einige Kilometer entfernt in einer Jugendherberge. Dort lernte ich einen deutschen Jungen kennen, der mir sehr gefiel, und wir machten mehrfach Wanderungen in die nähere Umgebung. Dabei unterhielten wir uns über Gott und die Welt, und er wurde mir immer sympathischer. Schließlich brachte ich das Thema auf Homosexualität und eröffnete ihm, daß ich gerne mit ihm schlafen würde. Er lehnte das zwar ab, sah meinen Vorschlag aber ganz wertneutral an, und unserer Beziehung tat das sonst keinen Abbruch.

Ich muß dazu sagen, daß ich Sibille zwar schon einige Zeit kannte und mit ihr in reger Korrespondenz stand, aber daß wir über ein kameradschaftliches Verhältnis noch nicht hinausgekommen waren. Doch war sie die erste Frau, bei der ich mir sagte: Hier könnte es mehr, nämlich eine Liebesbeziehung, werden. Während meiner ganzen Zeit mit ihr in Italien suchte ich nach einer Gelegenheit, sie danach zu fragen. Erst am letzten Abend vor der Abreise gelang es mir.

Bei diesem Aufenthalt in Italien wollte auch mich jemand zu schwulem Sex veranlassen: aber da war wiederum ich überhaupt nicht einverstanden. An einem Abend wäre ich gern noch zu Sibille gefahren und stellte mich an die Straße, um jemanden zu finden, der mich im Auto mitnahm. In meiner Nähe stand eine Gruppe von diskutierenden und gestikulierenden Einheimischen, und von diesen meinte schließlich ein älterer Mann, ich sollte auf seine Vespa steigen, er würde mich mitnehmen. Das hätte mich schon stutzig machen sollen, denn er hatte mich vorher mindestens eine halbe Stunde lang stehen sehen und bis zu diesem Zeitpunkt nicht den mindesten Kontakt zu mir aufgenommen. Trotzdem setzte ich mich zu ihm auf den Roller. Er gab vor, er müsse noch einen kleinen Umweg machen, und wir landeten schließlich an einer einsamen und sandigen Stelle, wo er plötzlich den Motor abstellte: das Benzin sei ausgegangen. Als ich ziemlich unbehaglich abstieg, kam er mir plötzlich ganz nahe und griff mir an die Hose. Nun bekam ich erst Angst und dann Wut, weil ich glaubte, er wolle mein Geld. Und selbst als ich begriff, was er wirklich wollte, gefiel ich mir in der Rolle des moralisch Entrüsteten, packte meine Sachen und verließ den Platz. Außerdem schleuderte ich ihm noch die übelsten französischen Schimpfwörter zu, die ich kannte. Einerseits hatte ich sicherlich Grund zur Entrüstung über diese Art von Überrumpelung; andererseits flüsterte etwas in mir, noch während ich meinen »Vergewaltiger« beschimpfte: Du Feigling! Und in mir blitzte ein Bild auf, wie ich sein Vorhaben und meinen Zorn darüber sehr wohl hätte zusammenbringen können: Wir müßten uns beide nackt ausziehen, und dann würden wir erst kämpfen auf dem Sand, und er müßte mich erobern! Oder ich ihn! Denn trotz meiner schwachen Konstitution rechnete ich mir durchaus Chancen aus, diesen mageren,vielleicht fünfzigjährigen Mann niederzuringen. Und dann könnten wir den Ringkampf in Zärtlichkeiten enden lassen...

Alles blieb jedoch Phantasie. Ich lehnte das Angebot meines »Vergewaltigers« ab, mich auf seiner Vespa zur Jugendherberge zurückzufahren, und marschierte lieber eine Stunde dorthin.

Solche Geschichten über gleichzeitiges schwules und heterosexuelles Begehren wurden mir auch von anderen schwulen Vätern erzählt. Besonders tragisch wird es, wenn sie im Zusammenhang mit der Schwangerschaft der Frau stehen; denn durch dieses Ereignis scheint das Schicksal »Familie« unausweichlich. »Es war, als wenn man einem Kind, das gerade anfängt, laufen zu lernen, das Laufen verbietet«, schrieb einer.

Gunter

Bei manchen, die schon lange daran gewöhnt sind, ihre äußere Haltung zu wahren und sich nichts anmerken zu lassen, geschieht oft etwas ganz Rätselhaftes: da bricht das schwule Verlangen auf, mit einer Gewalt, daß der Betroffene sich selbst ganz fremd erlebt. So etwas beschreibt Gunter aus Krems an der Donau:

> »Wir wollten zwar nicht unbedingt ein Kind, aber wir unternahmen auch nichts dagegen, bis es dann tatsächlich »passierte«. Nun stand einer Heirat und dem Studiumsabbruch nichts mehr im Wege. Nun folgt aber auch die erste als wirklich »schwul« anzusehende Geschichte, auf die ich etwas näher eingehen möchte.
>
> Ich war an diesem Abend zu Besuch bei meiner Zukünftigen. Ihre Mutter war ausgegangen, und wir trieben es miteinander, bis wir nicht mehr konnten. Um ca. 23 Uhr verließ ich sie, um die letzte Straßenbahn

nach Hause zu erreichen. Ich war noch etwas früh, also betrachtete ich die Auslagen in einer nahegelegenen Passage. Plötzlich fragte mich ein nett aussehender, etwa 30jähriger Mann, ob ich es sehr eilig hätte. In dem Moment schaltete sich mein Bewußtsein vollkommen aus, und wie in Trance sagte ich »Nein«. Er lud mich zu einem Spaziergang in den nahegelegenen Park ein, und obwohl ich wußte, ich würde die letzte Bahn versäumen, ging ich ziemlich aufgeregt mit ihm. Im Park fingen wir sofort in einer dunklen Ecke an, miteinander zu schmusen und uns gegenseitig zu wichsen. Dies wurde mir bald langweilig, und ich fragte ihn, ob wir nicht zu ihm gehen könnten. Er verneinte das, und so begnügten wir uns dann mit seinem Auto. Und dort legten wir los, als ob ich schon jahrelang Szenemitglied gewesen wäre, keine Scheu, kein Ekel, ganz im Gegenteil. Ich war über diese Begebenheit nachträglich ziemlich erschrocken, und ohne viel darüber nachzudenken, verdrängte ich sie bis zur Hochzeit.

Am Polterabend vor der Hochzeit holte mich meine Veranlagung neuerlich ein. Mit meinem damaligen besten Freund machte ich eine Bar nach der anderen unsicher, und zu guter Letzt lernten wir zwei Mädchen und einen Burschen kennen, die zusammen in einer Wohngemeinschaft lebten. Wir gingen schließlich mit ihnen nach Hause, um noch einmal ordentlich auf den Putz zu hauen. Nun, der langen Rede kurzer Sinn: mein Freund trieb es mit den beiden Mädchen, ich alleine mit dem Burschen. Und am nächsten Tag heiratete ich!!!«

Ich reihe auch diese Erlebnisse unter die »unschuldigen« ein, da die Beteiligten eigentlich nicht in der Lage sind, sich klarzumachen, was passiert. Noch sind sie allzugern bereit, sich den Regeln des Normsex (eine Prägung von Frank Löwe) zu fügen und sich weiter keine Gedanken zu machen.

Später, wenn sie beginnen, ihre Identität als Homosexuelle zu entdecken, schlagen sie sich an den Kopf: warum habe ich mir das nicht schon damals eingestanden! Stattdessen flüchten sie sich in alles Mögliche, um dem Körper und der Seele wenigstens etwas Ersatzbefriedigung zu geben. *Sport* ist ein besonders beliebtes Ventil für frustrierte Sexualität. Gunter stürzte sich in den Tanzsport und lernte bei dieser Gelegenheit überhaupt erst seine spätere Frau kennen. »Wenn ich heute die damalige Situation analysiere, komme ich zu dem Schluß, daß uns eigentlich nur der Sport verband. Ich war ein richtig fanatischer Turniertänzer, so daß mich das bißchen sexuelle Unlust nicht davon abhalten konnte weiterzumachen; dafür hatten wir schon zu viel erreicht.«

Andere flüchten sich in eine ideale Traumwelt. So berichtet Rolf aus Schorndorf:

> »Am meisten haben mich geheimnisvolle Frauen interessiert. Wenn ich heute darüber nachdenke, habe ich hinter dem Geheimnis wohl jenen Schlüssel zum Glück vermutet, der mir verborgen war. Frauen mit guter Figur, großen Brüsten usw., auf die andere Jungen standen, fand ich oberflächlich. Warum? Weil ich schwul bin und mich das einfach nicht reizt. Ich war auf der Suche nach der mystischen Frau, der Zauberin, Sex stand dabei im Hintergrund. Das ist auch heute noch so, vielleicht weil man als schwuler Mann fähig ist, Frauen ohne sexuelle Hintergedanken entgegenzutreten.«

Walter

Vor dem Beginn eines der Treffen schwuler Väter, ich war kaum aus dem Wagen gestiegen und noch ganz benommen von der Fahrt, wurde ich von einem etwa 50jährigen Teilnehmer angesprochen: »Ich muß mit dir reden, ich kann nicht hierbleiben, das wühlt mich alles zu sehr auf!« – Ich hatte große Schwierigkeiten, dieser Bitte zu folgen, immerhin waren wir auf der Autobahn in einen Stau geraten und später dran als vorgesehen, und die anderen warteten schon auf uns.

Die Schwierigkeiten von Walter, wie ich sie mitbekam, bestanden hauptsächlich darin, daß er voraussah, sein ganzes bisheriges Leben werde zusammenbrechen, wenn er sich auf den Prozeß einließ, der ihn hier erwartete. Vor allem war ihm die Vorstellung unerträglich, mit anderen schwulen Männern in einem Raum zu schlafen. Mein Einwand, ich können ihm durchaus auch ein Einzelzimmer besorgen, konnte seine Bedenken nicht zerstreuen. Er versprach mir aber, mir zu schreiben, und schickte mir dann einen längeren Bericht, aus dem ich hier zitiere:

Erstes Fragment

Bis weit in die Pubertät hinein war ich Bettnässer. Eine traumatische Geschichte, die mit so schrecklichen Ängsten verbunden war, daß sie bis heute nachwirken. Wollte ich unter anderem auch deswegen nicht mit anderen Männern in einem Raum schlafen? Ich weiß es nicht.

Ein Kinderleben lang also Panik vor dem Erwachen. Nicht weil meine Eltern mich gezüchtigt hätten. Das taten sie nie. Aber sie haben natürlich alles versucht, mich heilen zu lassen. Medizin als Strafe? Ganz gewiß (nicht aus ihrer, aus meiner Sicht)! Meine Mutter ist also mit mir von (Doktor) Pontius zu Pilatus gelaufen, um dieses Übel beseitigen zu lassen. Das war aus ihrer Sicht gut gemeint und auch nötig. In der Kriegs- und Nachkriegszeit mußte sie ständig meine Klamotten auf dem Küchenherd auskochen, weil es Waschmaschinen nicht gab oder weil sie unbezahlbar waren.

Die gräßlichste Tortur erlitt ich im Alter von sechs Jahren. Ich weiß nicht, ob die Behandlung nur über Wochen ging. Mir scheint es manchmal, sie ging über Monate und Jahre. Meine Mutter ging also regelmäßig mit mir zum Krankenhaus, zum OP. Dort nahm man mich ihr weg. Ich wurde auf den OP-Tisch gelegt, angeschnallt, entkleidet. Dann spritzte der Arzt aus einer Ampulle eine Vereisungsflüssigkeit auf den Bauch zwischen Nabel und Geschlecht. Gleiches geschah auf dem unteren Rückenteil. Damit sollte meine Blase gestärkt werden. Während der Behandlung schrie und weinte ich. So laut, daß meine Mutter auf dem Flur sich die Ohren zuhielt. Wenn es zu laut war, spritzte mir der Arzt das Zeug auch zur Strafe in den aufgerissenen Mund. Nicht nur die Folter steckt in mir (beim Schreiben könnte ich wieder schreien), die Folgen waren viel entsetzlicher. Es bildeten sich nämlich auf Bauch und Rücken dicke Brandblasen, die äußerst schmerzhaft waren, so schmerzhaft, daß meine Mutter mit mir zur Toilette mußte, um mir zu helfen: Ich zog vorsichtig die Hose vorne vom Leib, sie hinten. Sonst wäre ich vor Schmerzen gestorben. Im Bett konnte ich nur auf der Seite liegen. Schließlich hielt meine Mutter das nicht mehr aus und wollte das Grauen abbrechen. Mein Vater drängte aber zum Durchhalten: »Der Junge wird's uns später danken.« – Schließlich bestand meine Mutter darauf, daß er wenigstens einmal, ein einziges Mal, mit mir zum Krankenhaus ging. Er tat es und dann war Schluß. Fünf Jahre war er Soldat gewesen, aber da mußte er passen.

Die Angst und Verzweiflung hat mich damals übrigens zum ersten Male fliehen lassen. Ich sehe mich im Fenster unseres Hauses sitzen (die Haustür war verschlossen, weil meine Mutter mit einer Nachbarin frühmorgens losgefahren war, um Fallobst zu sammeln. 1946!) und will weglaufen. Da kommt meine Mutter zurück und vereitelt diesen frühen Fluchtversuch. Warum ich abhauen wollte, habe ich ihr natürlich nicht gesagt.

Zweites Fragment

Meine Lehre als Dachdecker. Ein Zufallsberuf. Das Dach meines Elternhauses wurde neu eingedeckt, ich durfte helfen und war fasziniert. Ich hatte als Kind immer wahnsinnige Höhenangst. Jetzt spürte ich Angst und Rausch. Und wollte Dachdecker werden. Nur: Dieses erste Erlebnis auf dem Dach war im Sommer, und die Firma (besser: die Leute – die nett waren) konnte mich nicht nehmen, weil kein Meister da war, der mich ausbilden konnte. Also fuhr ich schließlich drei Jahre lang (besser: drei lange Jahre) mit dem Fahrrad jeden Morgen bei Wind und Wetter ins 5 Kilometer entfernte Nachbarstädtchen in die Lehre. Als Vierzehnjähriger, eigentlich sehr behüteter (überbehüteter, daher muttergeschädigter) wurde ich also ins Wasser kalter Männlichkeit geworfen.

Ein brutaler Meister, der mich verfolgt, bedroht und gedemütigt hat. Dem ich nicht einmal, nicht ein einziges Mal etwas recht machte. Nie. Nie. Nie. Als ihm einmal auf dem Dach ein Farbtopf umkippte und eine große Fläche Dachpfannen versaute, zischte er mich an: »Sei froh, daß dir das nicht passiert ist.« Getreten wurde ich, das war selbstverständlich, bis zum Umfallen angetrieben, gejagt (komm, jetzt packen wir uns den Walter und messen mal, wie lang sein Schwanz ist!). – Zweite Flucht!

Wegen meines großen Kopfes nannte mich der Chef immer nur – auch vor anderen, vor jedem – »Breithaupt«. So wurde ich gerufen, all die Jahre. Das habe ich meinen Eltern nie gesagt, noch nicht einmal meiner Frau. Meine Eltern haben nach zwei Jahren, als ich jeden Morgen nüchtern zur Arbeit fuhr, weil ich vor Angst nur noch würgte und nichts mehr essen konnte, dem Treiben ein Ende gesetzt und meinem Chef bei einem Besuch in unserem Hause fürchterlich zugesetzt. Da hatte ich wenigstens etwas Ruhe. Im vorigen Jahr soll seine Frau ihn erschossen haben. So berichteten mir meine Eltern.

Drittes Fragment

Mein erstes Verlangen nach einem Mann hatte ich mit sechs Jahren. Er war sechs, ich war sechs, und wir haben uns unsere Pimmel gelutscht. Mit 12 lernte ich im Krankenhaus (natürlich lag ich da, um mein Bettnässen auskuriert zu bekommen) von einem Vierzehnjährigen das Onanieren. Mit 13 oder 14 Jahren tat ich das regelmäßig mit einem Nachbarjungen. Einmal hörte ich von einem Nebenzimmer aus, wie sich meine Mutter mit einer Nachbarin (der Mutter meines Onanie-Freundes) über eine Jungenbande unterhielt – Stadtrandjungen –, die man beim gemeinsamen Onanieren ertappt habe: »O Gott, wenn ich wüßte, unser Dieter täte das, wollte ich lieber, er läge auf dem Friedhof!«

Erster Höhepunkt meiner Beziehungen zu Männern (es gab nie welche zu Mädchen in dieser Zeit): im Internat und Kloster. Nach der Lehre war ich noch ein Jahr lang im Betrieb meines Meisters. Dann kamen Patres in meinen Geburtsort, die religiöse Tage gestalteten und berufstätige junge Männer für ihren Orden warben. Abitur machen, meine Mutter gar mit einem Priestersohn beglücken? Nichts wie weg aus dem ungeliebten Beruf! Meine dritte Flucht.

Am Ende dieser Zeit und während des halbjährigen Noviziats hatte ich meine erste leidenschaftliche Liebe zu einem Mann: Er achtzehn, ich zweiundzwanzig. Eine grauenvoll schöne Episode. Im Kloster verstießen wir Nacht für Nacht gegen das schlimmste aller Tabus in Männergemeinschaften! Schließlich Entdeckung, mein Abgott verläßt für immer das Kloster. Selbstmordversuch (Pulsadern aufgeschnitten).

Meine vierte Flucht.

Studium in M. (Latein/Germanistik), mit 27 Bekanntschaft mit einem Ehepaar, ihn kannte ich seit meiner Kinderzeit: Dachdecker. Auch für ihn ein ungeliebter Beruf, aber er mußte das väterliche Geschäft übernehmen. Malte gut, liebte italienische Opern über alles. Warum nur waren meine Eltern damals nicht darauf gekommen, mich zu denen in die Lehre zu geben? Ordentliche Leute, und in meinem Geburtsort? Schicksal, Fügung, denke ich heute.

Das Verhältnis wurde eng und enger: schließlich mein erster Beischlaf mit (s)einer Frau. Dann – das Verhältnis zu ihm wurde auch enger und enger: Beischlaf mit ihm. Er war schwul. Als ihre achtzehnjährige Nichte auch noch anfing, mich zu lieben, wuchsen mir/uns die Probleme über den Kopf: fünfte Flucht, nie mehr Kontakt mit ihnen.

Viertes Fragment

Anette, meine Frau. Sie lernte ich im Jahr nach der gescheiterten Freundschaft zu meinem Ehepaar kennen und lieben. Sie ist bis heute radikal anders geblieben als alle anderen Menschen: schön, bewundert, liebevoll, zärtlich. Die einzige Frau, die ich liebte und liebe. Nie könnte ich es mit einer anderen, eventuell mit einem ganz jungen, achtzehnjährigen Mädchen! Ja, das ginge. Schließlich habe ich inzwischen 15 Jahre Hetero-Erfahrung...

1971 Ende des Studiums. Heirat, Schulort S. 1975 eine Nacht und ein Morgen mit einem Schüler. Anette entdeckte uns im Bett. Entsetzlich die Zeit in der Schule. Diesen Schüler habe ich bis zum Abitur in meiner Klasse. Mein Gott, welche Ängste in der Schule, in der Stadt, daß ich ihn treffen könnte. Weg von der Schule. Zum Abendgymnasium. Raus aus der Stadt. Ein Kotten auf dem Lande. Hinterm Wald. Fehlt nur ein Riesen-Tor, mit dem ich nachts die Stadt und die Welt aussperren kann. Also meine sechste Flucht. Ich schlafe nie ohne Oropax. Hier auf dem stillem Lande! Ich sperre alle Geräusche aus. Meine siebte tägliche Flucht.

Fünftes Fragment

1975 Kauf und Renovierung unseres Fachwerkhauses. 1976 Elena geboren, 1978 Julia. Gute Nachbarschaft. Viele Freunde. Das Leben beginnt ruhig dahinzufließen. Nur im Unterleib ewige ziehende Schmerzen. In den Katakomben meines Bauches erinnert mich täglich etwas daran, daß da noch etwas ist. Wenn ich auf einer Fete zuviel getrunken hatte, dann kam aus den Gewölben meines Ichs das Tier. Dann konnte ich die Sehnsucht nach Männern nicht mehr unterdrücken. Und das hat Anette mitbekommen. Im Sommer letzten Jahres hielt ich es nicht mehr aus. Zweimal war ich bei einem Typen in S. gegen Bezahlung. Endlich. Endlich, endlich ein Männerkörper. Ein Schwanz. Keine Gewissensbisse ob des Ehebruchs. Auch heute noch nicht.

Anette hatte sich inzwischen neu orientiert: Seit 1983 besuchte sie Heilpraktiker-Kurse, wollte klassische Homöopathie machen. Das veränderte sie. Sie lebte auf. Fand neue Freunde. Und im Oktober letzten Jahres einen Geliebten. Davon wußte ich nichts, ahnte auch nichts. Wir schliefen noch miteinander, aber wenig. Dafür onanierte ich täglich, hatte Männerphantasien dabei. Wenn sie von ihren Wochenendkursen heimkehrte, wollte sie oft mit mir schlafen. Warum?

Sie vergrub sich während der Woche in die Homöopathie, ich in mein Hobby: Russisch (seit 1980, inzwischen kein Wort mehr, ich habe Angst, ein russisches Buch anzufassen, es ekelt mich an). Klar, dieses Russisch war meine achte Flucht.

Am 22. März dieses Jahres erfuhr ich nun durch Zufall von Anettes Verhältnis. Wut, Trauer, Schmerz, Verzweiflung – meine Reaktion. Trotz – ihre. Dann Gespräche, Wahrheitssuche in uns selbst und dem anderen. Schließlich mein Eingeständnis: Du kannst dich noch so bemühen, immer bleibt etwas unbefriedigt in mir. Ich habe eine unstillbare Sehnsucht nach Männern. Ihre Antwort: Dann wundere ich mich, daß du dir das all die Jahre nicht genommen hast. Kann das unser Verhältnis berühren? Du kannst bei mir auch nicht alles abdecken. Ich liebe an Florian andere Züge, als du sie hast. Nie kann jemand für den anderen alles abdecken.

Er ist siebzehn Jahre älter als sie, füllig, Halbglatze! Gestern habe ich ihn zum ersten Mal gesehen. Aufregung auf allen Seiten. Ich fand diesen Mann rührend, hilflos und sympathisch. Ich habe heute Anette in T. angerufen, wo sie mit ihm auf einer Tagung ist, und ihr gesagt: kein Mann, dem ich dich lieber anvertraute als ihm!

Nach meinem späten Coming Out bin ich – erstmals mit Anettes Wissen – nach Köln gefahren – in ein Gesellschafter-Team, und habe dort mit einem Jungen geschlafen. Siebenmal war ich inzwischen dort, immer nur bei ihm, zweimal an einem Nachmittag war ich mit ihm im Bett. Ich war vernarrt in ihn. Einmal war er hier, hat Anette kennengelernt. Sie ist mit den Kindern weggefahren, damit wir ungestört waren. Dann zog er nach Frankfurt. Ende. Tränen. Anette mußte mich trösten. Und tröstet mich täglich: Du findest jemanden, hab keine Angst...«

Walter hat sich sein ganzes Leben lang – von den schrecklichen Erfahrungen der Kindheit übel belehrt – in ausweglose Situationen hineinmanövriert. Immer wieder bestätigte ihm dann die Entwicklung eine Zwangsidee, die er sich (oder besser: die ihm) einredete: Du bist nichts, du bist häßlich, niemand kann dich lieben! Diesen Gedanken führte er im Verlauf seines Briefes noch ausführlicher aus. Daß die Situation in seinem Elternhaus besonders traumatisch gewesen sein muß, steht fest. Am Schluß des Berichtes erwähnt er noch, daß sein Vater ein sehr verschlossener und zu Konflikten unfähiger Mann gewesen sei, er habe seine Frau wegen irgendwelcher Probleme wochenlang angeschwiegen. Ein anderes Ereignis in der Familie: Der Vater versuchte die eigene Tochter zu vergewaltigen. Auch an seine Schwiegertochter machte er sich heran, aber die wußte mit der Situation umzugehen.

Diese Elterngeneration hat den Krieg mitmachen müssen und wurde dort »gestählt«, nicht anders als die Generation vor ihr im 1. Weltkrieg, aber Menschlichkeit und die Fähigkeit zu fühlen wurden Opfer solcher Zucht *(s. Theweleit, Männerphantasien)*. Was auch immer an Problemen in der Familie lag, die u.a. zum Bettnässen des kleinen Walter führten, die Frage ist, ob es ihm heute gelingen kann, diese Fesseln abzustreifen.

Dabei liegt natürlich ein Element von Resignation darin, daß er sein ganzes Leben nicht anders als Flucht von einer

Falle in die andere sehen kann. Das wiederholte sich allerdings bisher bei seinen schwulen Beziehungen. Nachdem er einmal bei einem Stricher Zufriedenheit gefunden hatte, verließ ihn gleich der Mut, die Form seines Liebesverhältnisses könne je anders werden, er könne je auch ohne Bezahlung, nur um seiner selbst willen, geliebt werden. Seine »Jungen« überschüttete er gleich mit Beweisen von »Enthusiasmus«, wie er selbst es nennt: Er schrieb ihnen lange Briefe und schickte ihnen Gedichte, die er verfaßt hatte, so daß sie sich nur auf ihre Weise aus dieser Situation zu retten wußten: indem sie ihn ausnutzten und bestahlen.

Jan Bode:

Eine jener Nächte....

Es gab einmal eine Zeit, da glaubten die Leute noch an Werwölfe. Menschen, die zu bestimmten Zeiten ihr Wesen veränderten und angezogen von fahlen Schein des Vollmondes Dinge taten, an die sie sich später nicht mehr erinnern konnten. Und wenn doch, so waren sie entsetzt über das, was im Rausch jener Nächte mit ihnen und durch sie geschah.

Manchmal fühle ich mich auch wie ein Werwolf, nur daß es für mich kein Vergessen gibt. Kein Vergessen und kein Entrinnen! Wenn der Wolf in mir durchkommt, dann werde ich verschlossen und einsilbig meiner Familie gegenüber, und mit jedem Tag – und jeder Nacht, in der auch der Mond immer ein Stück umfangreicher wird, bis er seine ganze Fülle und seine volle Leuchtkraft erreicht hat – werde ich unruhiger, bis ich es zu Hause nicht mehr aushalte vor Sehnsucht, die dann schon zur Gier geworden ist. Zur Gier nach einem Mann.

Dann tauche ich ein in die schwulen Lokale, die ich eigentlich nicht mag, weil alle ganz offensichtlich nur ein Ziel haben. Genau wie ich! Das Ziel, mit einem Mann zu schlafen. Und der Kreis schließt sich wieder. Anfang und Ende an einem Punkt, hier in dieser schummerigen Kneipe. Wie beim letzten Mal, wie beim nächsten Mal, – jedes Mal. Anfang und Ende an einem Punkt, die Karten sind bereits gemischt und verteilt, aber ich kann nicht gewinnen. Anfang, – verbunden mit der Hoffnung, doch noch einen Menschen, einen Mann zu finden, der bereit ist, sich auf meine Situation einzulassen. Mich so zu nehmen wie ich bin, verheiratet und Vater eines Sohnes. Hoffnung, einem Mann zu begegnen, der es ertragen und akzeptieren kann, der Freund eines verheirateten Mannes zu sein.

Doch je später der Abend wird, – je höher der Vollmond steigt –, je spärlicher wird diese Hoffnung. Und mit der schwindenden Hoffnung verstärkt sich das Verlangen, einen Mann in den Armen zu halten, sich in den Armen eines Mannes zu wissen. Das Verlangen nach einem männlichen Körper, seiner Haut, seinem Geruch, seiner Sexualität. –

Kontakte, die in solchen Momenten zustande kommen, – ich weiß es aus Erfahrung –, sind fast immer zum Scheitern verurteilt, denn sie kommen in Gang aus der Gier nach Lust, nach Sexualität, und ist die befriedigt, dann kommt das Ende! Wir werden uns unserer Sprachlosigkeit bewußt. Zwar haben wir auch vorher nicht viel gesprochen, aber wir haben es nicht bemerkt, wir hatten ein gemeinsames Ziel, jeder für sich. Den Körper des anderen!

Der Wolf hat sein Opfer. Wer ist der Wolf und wer ist das Opfer? Der Mondschein verblaßt, ich werde wieder ich selber und ich fühle mich elend und beschissen.

Im Morgengrauen komme ich nach Hause und warte mit Schrecken auf den nächsten Vollmond!

GEFANGEN IN EHE UND FAMILIE

Zunächst einmal besteht die Ehe eines homosexuellen Mannes oder einer homosexuellen Frau in der selben gesellschaftlichen Konstellation wie die der Heterosexuellen:
– in der Regel Acht-Stunden-Arbeitstag für den Mann, damit bleibt der Frau die Hauptarbeit im Haus und für die Kinder;
– ansteigende Arbeitszeit auch für die Frau, damit verbunden aber Schuldgefühle gegenüber den Kindern und wachsender Streß (Doppelbelastung);
– meistens ein schlechtes Verhältnis zur Generation der Großeltern; damit fallen diese als Hilfe in der Regel weg (und ebenso fällt natürlich umgekehrt die Hilfe für die Alten aus, das aber schon aufgrund der menschenfeindlichen Wohn- und Arbeitsverhältnisse);
– Isolation der einen Kleinfamilie von der anderen, in kleinen und überteuerten Wohnungen;
– beinahe regelmäßige finanzielle Überforderung durch teure Prestigeobjekte wie Haus, Hobby etc., zumindest bei Angehörigen der Mittelklasse; damit vermehrter Streß, Überstunden werden nötig...
– als magerer Vorteil bleibt einzig die Ehe als Bündel von gewissen rechtlichen Garantien in bezug auf den Ehepartner und die Kinder sowie die steuerliche Privilegierung.

Das Elend der Kleinfamilie, ihre fatalen Folgen für das Seelenleben von Erwachsenen und Kindern sind schon in verschiedenen Arbeiten beschrieben worden (ich nenne hier nur: Schizophrenie und Familie; Pilgrim; Leyrer). Die Institution, die von uns noch immer von den staatstragenden Kräfen als einzige förderungswürdige menschliche Lebensform gepriesen wird, trägt die Schuld am Gefühl der Sinnleere und Frustration für Millionen; in diesem Gefängnis der menschlichen Gemeinschaftsfähigkeit gedeihen alle Arten von Wahnvorstellungen, Neurosen, Psychosen und Gewaltverbrechen, wie sie gelegentlich über die Schlagzeilen der Zeitungen verzerrt ans Licht kommen. Das Hauptübel dieser Sozialisationsform sehe ich darin, daß die darin gefangenen Personen für immer aneinander gekettet sind. Für lebendige Kontakte nach außen bleibt oft einfach nicht genug Zeit, denn die wird vom Arbeitstag aufgefressen; und als einige Identifikationsfiguren für die Kinder bleiben, zumindest in den ersten Lebensjahren, Vater und Mutter übrig, auf die sie gnadenlos verwiesen sind, gleichgültig zu welcher Tages- oder Nachtzeit.

Doch die Ehe ist inzwischen wohl unausweichlich zum Scheitern verurteilt: Entgegen der noch immer herrschenden Ideologie hält sie nämlich längst nicht ein ganzes Leben, sondern allenfalls einige Jahre. Die meisten der 123.000 Scheidungen im Jahr 1983 wurden im vierten Ehejahr ausgesprochen, insgesamt machten sie mehr als ein Drittel aller Eheschließungen aus (STERN, 18/1985). Und die Scheidungen sind ja nur der Gipfel des Eisberges: Wer kennt nicht die Ehen, die in »Zimmerschlachten« ausarten, ohne daß es je zur Scheidung kommt? Ob mit oder ohne Trennung, die konventionelle Ehe beginnt oft genug schon mit schrecklichen Peinlichkeiten und mündet in eine Hölle der Gefühle, bis sie wie ein gespaltenes Atom (mit vergleichbar destruktiven Energien) auseinanderfliegt.

Für mich sind wirklich harmonische Ehen die Ausnahme, nicht die Regel. Wenn beide Partner beispielsweise noch in einer lebendigen christlichen Tradition zu Hause sind und in der Kirchengemeinde auch den nötigen sozialen Halt finden – dann könnte ein Raum gegeben sein, in dem die sonst üblichen Tendenzen der Kleinfamilie zum Abkapseln, zur Atomisierung neutralisiert sind. Zeugnisse über solch ein ungestörtes Eheglück, das erst durch die Homosexualität eines Partners erschüttert wurde, erreichten mich jedenfalls besonders häufig von gegenwärtig oder in ihrer Jugend von der Religion geprägten Menschen. Häufiger jedoch waren Berichte darüber, daß die Ehe bereits aus anderen Gründen in der Krise steckte.

Welche Gründe auch immer im Einzelfall dahinter stecken mögen, welche psychologischen und individuellen Momente auch immer benannt werden mögen: Im Grunde ist es immer wieder der Gesamtzusammenhang gesellschaftlicher Art, der die ungünstigen Bedingungen bietet. Wie idealistisch auch immer junge Leute an den Aufbau eines gemeinsamen Lebens gehen mögen, sie können den Zumutungen nicht ausweichen, die ihnen unsere Gesellschaft auferlegt: daß Leben, die Entwicklung der Kinder im Pferch einer 60 qm-Wohnung, zwischen Autoabgasen, Industriemüll und domestizierter Vorgartennatur stattfinden in einem Klima atomar geschützter Sicherheit mit täglichen Katastrophenmeldungen, während die Wälder langsam sterben und die Lebensmittel chemisch und radioaktiv verseucht sind. Die Arbeitswelt als prinzipiell menschenfeindlich ist strengstens vom Privatleben geschieden, vor allem in der Schule kommt sie sozusagen nicht vor... Solche und tausend andere Zumutungen bleiben ganz anonym, die Individuen müssen sich allein damit herumschlagen.

Soweit meine, gewiß etwas zugespitzte Sicht der Kleinfamilie und ihrer Bedingungen. Ist ein Elternteil auch noch schwul oder lesbisch, so kommt diese Orientierung als Belastung zu den bereits genannten hinzu. Denn selbstverständlich »gibt es das ja nicht« für das herrschende Bewußtsein, ebensowenig wie es Promiskuität oder Prostitution für dieses Bewußtsein gibt – und doch rennen Tausende von Familienvätern Woche für Woche frustriert in die »Freudenhäuser«!

Bei all diesen Schwierigkeiten braucht es nicht zu verwundern, daß viele schwule Väter oder lesbische Mütter den Ausbruch aus der Familie niemals schaffen. Sie sind diejenigen, die im Bewußtsein der übrigen zu Karikaturen verkommen. Für die »Normalen« geben sie das Klischeebild ab für eine bestimmte Sorte von Schwulen überhaupt: ein schmieriger, älterer Mann, der sich an kleine Jungen ranmacht. Die emanzipierten Schwulen dagegen, im Hochgefühl ihrer Jugend und gewonnener Kämpfe, haben ihnen oft auch nicht mehr zu bieten als ein mitleidiges Lächeln. Lesbische Mütter müssen auch heute noch fürchten, daß ihnen Kinder weggenommen werden (s. den juristischen Anhang in diesem Buch).

Ich möchte um Verständnis werben für diese traurigen Gestalten, von denen sich abzusetzen so einfach ist, weil es erlaubt, sich selbst für etwas Besseres zu halten. Sie sind diejenigen, die sich nach wie vor für erpreßbar halten und es deshalb wirklich sind; sie finden ihre sexuelle Befriedigung in den öffentlichen Bedürfnisanstalten (den »Klappen«) und treffen dort auf ihresgleichen; sie fühlen sich in dem Maße von ihrem Trieb beherrscht, ja besessen, in dem sie ihn niederhalten und verstecken müssen.

Andererseits ist es notwendig, einen Weg aus dieser Sackgasse zu weisen. Diejenigen, die es geschafft haben, herauszuspringen, wissen oft selbst nicht mehr zu sagen, wie das geschah: allenfalls gebrauchen sie Formulierungen wie: »Ich mußte eben ins kalte Wasser springen«; »Ich war ganz unten, tiefer konnte es nicht mehr gehen«; »Wenn ich nicht ein Ende gemacht hätte, hätte ich meine Würde verloren.«

Schrecken ohne Ende – Kurt

Die Lebensbedingungen der Kleinfamilie sind üblicherweise so angelegt, daß keine Veränderung der Konstellation möglich ist, ohne daß es eine Katastrophe gibt. Die eigentlich wünschenswerte Stabilität des Haushaltes wird zur Falle in einem Moment, in dem sich herausstellt, daß sie die freie Entfaltungsmöglichkeit massiv behindert. Ein Entrinnen gibt es nur unter furchtbaren Schmerzen für alle Teile, verbunden mit Schuldgefühlen besonders beim »untreuen« Partner. Bis dahin vergehen oft Jahre und Jahrzehnte. Die langjährige Mühe des Versteckens schlägt sich vielfach in körperlichen oder seelischen Krankheiten nieder, die gewöhnlich wie durch einen Zauber verschwinden, sobald der Knoten gelöst ist.

So etwas berichtet auch Kurt. Er stammt selbst aus einer Familie, in der wiederholt versucht wurde, eine unerträgliche Situation mit konventionellen Mitteln zu lösen; auf diese Weise erlebte er nach seinem leiblichen Vater zwei Stiefväter. Den ersten haßte er, weil er brutal war und seine Mutter schlug, der er geistig weit unterlegen war, den zweiten, nur elf Jahre älter als er selbst, bekämpfte er, inzwischen in der Pubertät, als Konkurrenten bis aufs Blut, nachdem er für seine Mutter inzwischen so etwas wie ein Ratgeber geworden war.

Außerdem wechselten wiederholt die Geschwisterverhältnisse: Der ältere Bruder blieb beim Vater (bei der Scheidung war Kurt aber erst 3 Jahre alt). Mit dem ersten Stiefvater kam eine anderthalb Jahre jüngere Stiefschwester zur Familie, außerdem ein Jahr später ein Halbbruder. Sein Verhältnis zur Stiefschwester beschreibt Kurt als recht gut, während es mit dem Bruder Probleme gab; trotzdem wurde er bei der zweiten Scheidung seiner Mutter von seiner Schwester wieder getrennt. Bei den nächsten Schwierigkeiten mit seiner Frau Hildegard beherrscht Kurt immer wieder der Gedanke: »Deine Kinder dürfen nicht so aufwachsen wie du.« Und trotzdem oder gerade deswegen sah er sich in eine Bahn gedrängt, die ihm genau denselben Lebensweg wieder vorzeichnete. Zunächst einmal wollte er in der Normalität das Heil finden. Nachdem er seine Neigung zu Männern entdeckt hatte, fühlte er sich wie befreit durch seine erste Beziehung zu einer Frau: »Ich kann es mit ihr, ich bin normal!«

> »Während einer Studienreise nach Berlin lernte ich Hildegard kennen. Sie vergewaltigte mich mehr oder weniger und erhob mich zu ihrem »Prinzen«. Jetzt glaubte ich wirklich zu lieben. Ich war besessen von dieser Frau. Nach vier Monaten zogen wir zusammen. Für Wochen (!) war kein schwuler Gedanke in mir. Unsere Beziehung lief gut.
>
> Ich blühte merklich auf, wurde rundherum munter. Ich dachte kaum oder wenig an Männer. Nur dann, wenn mir ein ganz besonders »süßer« über den Weg lief, gab es für ein paar Minuten schwule Gedanken. Diese beschränkten sich aber auf Schmusen und Eingekuschelt-Werden. Sexuelle Befriedigung hatte ich bei meiner Freundin.
>
> Hildegards Bruder, ca. 3 Jahre jünger als ich, entwickelte zu mir ein Berater- und Vertrauensverhältnis. Diese dunklen Augen, seine ganze Art warfen mich dann bald aus meiner »Hetero-Bahn«. Über zärtliche Umarmungen und einen flüchtigen Kuß ließ ich diese Beziehung nicht hinauswachsen. Aber von dieser Begebenheit an war ich nur noch für Männer empfänglich. Dennoch heiratete ich Hildegard mit der Gewißheit, daß meine Gefühle für sie »ausreichend« sein würden.

Sie hatte keine Ahnung von meinem schwulen Innenleben. Meinem Wunsche nach Kindern kam meine Frau nach, und so wurde nach 1½ Jahren Ehe unsere Tochter Nicole geboren. Schwangerschaft, Geburt, ja einfach alles wollte, durfte und konnte ich intensiv miterleben. Ich vergötterte dieses kleine Bündel Leben.

Ein Vater kann unmöglich schwul sein. Dieser Gedanke kam aber erst viel später in mein Bewußtsein.

Wir freundeten uns mit einem anderen Ehepaar an, Marion, ca. 5 Jahre älter als ich, und Jochen, 12 Jahre älter. Nach vielen Gesprächen über Gefühle und Freundschaft kam eines Tages das Gespräch auf gleichgeschlechtliche Liebe. Jochen bekundete Interesse, und so konnte ich auch mir zum erstenmal freien Lauf lassen. Wir redeten anfangs nur viel darüber, ohne daß etwas passierte. Unsere Ehefrauen waren der Hauptgrund.

Ich empfand für Jochen sehr heftig. Ich war mehr bei ihm als bei mir. Aber selbst wenn wir alleine waren, wagte ich nicht, mich ihm eindeutig zu nähern.

Gott sei Dank tat er es. Es war der Anfang einer einjährigen, fast anderthalbjährigen Beziehung. Wir erfanden die wildesten Ausreden für unsere Frauen, um so oft wie möglich zusammen zu sein. Natürlich nur wir zwei. Aber jedes Wochenende waren wir als »zwei Paare« zusammen. Es war ein totaler Streß. Er saß neben seiner Frau, meine kuschelte sich an mich. Unterm Tisch spielten Jochen und ich mit unseren Beinen und Füßen. Eifersucht auf seine Frau, Ablehnung meiner Frau, na, einfach Chaos. Jochens Ex-Freund kam dann auch noch ins Spiel. Ich zog einen totalen Schlußstrich unter unsere Beziehung.

Danach war ich leer und zu nichts zu gebrauchen. Depressionen machten mir schwer zu schaffen. Ich zwang mich selbst in meine Ehe zurück. Es sollte von nun an nur noch diese Frau, meine Frau geben. Diverse Krankheiten und starker Gewichtsverlust waren die Folge. Selbstmord? Nein! Erstens war und bin ich dazu zu feige, und dann mein Kind. Ich habe zu nichts Kraft.

Mit wem könnte ich reden, wer würde mich verstehen? Unsere Ehe hat sehr gelitten. Ich sitze auf einer Bombe, wenn die hochgeht, bin ich auf jeden Fall das Opfer. Doch der Druck! Ich kann nicht mehr.

Nach langem Zögern ein Besuch beim Nervenarzt. Ich rede mit ihm über Streß im Beruf, Familie und in der Ehe. Mein eigentliches Problem traue ich mich nicht zu erwähnen. Ein Antidepressivum hilft erstmal etwas. Hildegard ist mit einem zweiten Kind in Umständen. Jetzt geht gar nichts mehr. Dein Weg ist vorgezeichnet, Kurt, spiele deine Rolle, denke nicht an dich, du hast bald zwei kleine Kinder. Sie dürfen nicht so aufwachsen wie du.

Ein weiteres Jahr kann ich mich mehr schlecht als recht halten. Doch alles ist so grau. Im Dezember 84 sage ich Hildegard das erste Mal, daß ich mich scheiden lassen will. Schwulsein gebe ich nicht als Grund an. Es gibt manche andere Gründe. Sie liebt mich, beschwört sie mich, und versucht, bestehende Mißverständnisse ihrerseits zu beheben. Der Gedanke, alles umzureißen, neu anzufangen, läßt mich nicht mehr los. Doch habe ich nicht den geringsten Schimmer wie.

Nicole, unsere Älteste, steht mir näher als Wolfgang, der gerade 1¼ ist. Wieder ein Punkt, an dem ich glaube, versagt zu haben. Natürlich liebe ich beide Kinder, doch Nicole ist mir um einiges näher. In meinen Gedanken laufen alle Möglichkeiten eines zukünftigen Lebens ab, keine ist befriedigend. Also halte ich still.

Karneval 85! Hildegard geht während dieser Tage eine Beziehung ein. Als ich davon erfahre, kommt der totale Zusammenbruch. Warum bin ich noch hier. Wäre ich doch bloß oder hätte ich ... Die ersten Tage bin ich nur der betrogene Ehemann.«

Diese Episode brachte dann den Durchbruch, eine Trennung in gegenseitigem Einvernehmen. Die Tochter kam zu Kurt, der kleine Junge blieb bei der Mutter. Wieder ein Grund für Selbstanklagen: »Darf man Kinder trennen?«

Die Ehe von Kurt und Hildegard hielt nicht einmal fünf

Jahre. Trotzdem waren das fünf Jahre zuviel, weil Kurt von Anfang an wußte, wie es um ihn stand. Und er hat noch Glück gehabt, weil auch seine Frau die Beziehung zu lösen suchte.

Zu den entwürdigendsten Tricks greifen schwule Väter oft, um die unmögliche Situation, in die sie mit ihrer Ehe geraten sind, auszuhalten. Die »Klappen« wurden schon erwähnt, jene Orte eines schnellen und anonymen Sex. Nächtliche Parks sind ebenfalls häufige Treffpunkte. Oft wird ein Hund angeschafft, um einen Vorwand zum Ausgehen zu haben.

Das Schlimmste an einer solchen Situation ist die Verbiegung des Charakters, die sie bewirkt, und die Besessenheit, die der unfrei gelebte Trieb erzeugt. Der Selbsthaß kann sich leicht nach außen richten und zu faschistoidem Verhalten führen: Ein schwuler Vater aus Wien berichtet von einem peinlichen Erlebnis dieser Art:

> »Ich war mal im Spital, mit Hepatitis, die ich von meinem Liebhaber bekommen habe. Mit dem war ich dann noch zwei Tage lang auf demselben Zimmer. Und da war ein Typ dort, der sich fürchterlich aufgeführt hat in dem Krankensaal – das war ein Raum für neun Personen –: der hat dort ständig das Wort geführt und ist über alle möglichen Randgruppen hergezogen, über die Schwulen und die Junkies und die Fremdarbeiter usw. Ein wirklich unguter Typ. Und irgendwann einmal hat der mich direkt gefragt, ob ich schwul bin. Mein Freund hat mich nämlich immer wieder besucht, nachdem er selbst draußen war, und das ist ihm aufgefallen, außerdem hat er von ihm sowieso gewußt, daß er schwul ist. Und später hab ich ihn in der Szene getroffen. Meistens war er mit Strichern unterwegs. Und da hab ich ihn drauf angesprochen und gesagt: So schaut das aus: Draußen im normalen Leben ziehst du über die Schwulen her, und dann bist selber schwul! Er ist auch Vater, er hat, glaub ich, zwei Söhne, die dürften so 13 und 16 sein.

RELIGIÖSE BINDUNGEN

Volker

»O Gott, wenn ich wüßte, unser Walter täte das, wollte ich lieber, er läge auf dem Friedhof!« Das hörte Walter von seiner frommen Mutter. Die Frau sprach eine sehr weit verbreitete Auffassung aus, die auf ihre Weise für die Lust- und Lebensfeindlichkeit der christlichen Religion überhaupt kennzeichnend ist, auch wenn Vertreter der Amtskirche weit von sich weisen mögen, daß sie damit etwas zu tun hätten.

Der folgende Fall spielt nicht im Rahmen einer Großkirche, aber er könnte sich, in etwas anderen Formen, überall ereignen, wo das christliche Gottes- und Menschenbild herrscht.

Volker ist Krankenpfleger. Er wuchs in einer baptistischen Familie auf. Die Baptisten sind eine besonders konservative evangelische Freikirche; sie vertreten vor allem die »wörtliche« Bibelauslegung und versuchen z. B. mit viel Akribie zu beweisen, daß die Sintflut wirklich zu der in der Bibel angegebenen Zeit stattgefunden hat, daß die Thesen der modernen Naturwissenschaft zu diesem Thema also nicht haltbar sind, etc. Eine solche kleine religiöse Gruppe bietet den Vorteil, daß sich ihre Mitglieder gut untereinander kennen, auch wenn sie vergleichsweise weit voneinander entfernt wohnen, und daß eine sehr freundschaftliche und herzliche Atmosphäre herrscht. Auch wer von weither zu seinen Glaubensgenossen kommt, wird sofort gastfreundlich aufgenommen und kann sich wie zu Hause fühlen. Die Moral jedoch, die unter den Mitgliedern herrscht, ist ebenso repressiv wie vor 100 Jahren, und Sexualität ist nach wie vor ein totales Tabu.

Das führte im Falle von Volker paradoxerweise dazu, daß er als Junge weniger Schuldgefühle beim gemeinsamen Onanieren mit Jungen entwickelte als bei entsprechenden Spielen mit Mädchen: »Mit 21 hatte ich das Wort homosexuell noch nicht gehört.« Man schärfte ihm ein, daß er »unschuldig« in die Ehe zu gehen habe, und so verbot er sich während seiner

Ausbildungszeit, als er nicht mehr bei den Eltern wohnte, jede Freundin. Dafür entdeckte er etwa ein Jahr nach seiner Heirat die »Klappen« und was darin ablief. Damals wurde er sich allmählich seiner homosexuellen Orientierung bewußt:

> »Meine Frau arbeitete auch noch voll im Beruf – ebenfalls im Krankenhaus wie ich – und da sie immer Nachtdienst machte, eine Woche jeweils, und danach hatte sie eine Woche frei – hatte ich abends einen Vorwand: Da hab ich sie um acht Uhr im Krankenhaus besucht oder um neun, hab ihr noch etwas zu essen auf die Station gebracht und hab das immer damit verbunden, auf die Klappe zu gehen. Und früher waren die Klappen noch brechend voll, man stand manchmal Schlange – dagegen heute, wenn du hinkommst, da läuft nichts mehr. Die Zeiten sind vorbei, aber früher war das schön. Ich fand das jedenfalls sehr interessant. Es waren auch immer wieder dieselben Leute, die man dort traf, nach einer gewissen Zeit hatte sich das rauskristallisiert, dann kannte man einen schon und ging auch mal mit dem nach Hause. Zu mir konnte ich keinen mit hinnehmen, weil Kinder da waren.«

Gleichzeitig war Volker sehr in seiner Gemeinde aktiv. Er fügte sich damit nahtlos in eine Familientradition ein, denn seine Eltern leiteten einen eigenen »Versammlungskreis« und die Eltern seiner Frau ebenso. Er und Sylvia sangen Duette im Kirchenchor und wurden bald als musikalische Attraktion in allen Gemeinden des norddeutschen Raumes zum Singen eingeladen. Dadurch meldeten sich aber doch allmählich die Gewissensbisse:

»Das machte mich ganz schön fertig, so daß ich oft für mich geheult habe. Ich hatte auch überhaupt keinen Menschen, mit dem ich über das Problem reden konnte. Zu einem Geistlichen gehen konnte ich nicht, die kannten mich alle persönlich von Kind auf, die kannten meine Eltern, Schwiegereltern etc., da konnte ich nicht sagen, ich schlafe ab und zu mit einem Mann, das hätte ich nie gewagt.«

Um seine schwulen Neigungen ausleben zu können, wechselte Volker den Arbeitsplatz und nahm eine Stelle in einer benachbarten Mittelstadt an. Dort mußte er wohl oder übel ein eigenes Zimmer mieten, benutzte das aber praktisch nicht, sondern übernachtete meist bei einem Freund. »Meine Frau war zuerst eigentlich nicht so begeistert, aber ich hab sie dann doch dazu überredet.« Das ging aber nicht lange, denn er wurde denunziert, und zwar in einer ganz besonders gemeinen Weise: Der Ex-Freund seines damaligen Liebhabers rief aus Rache Volkers Frau an und erzählte ihr, Volker sei schwul und lebe mit einem anderen Mann zusammen.

> »Und nun weiß ich nicht, ob das am gleichen Tag war, daß ich nach Hause gefahren bin, da saß schon der Pastor da, den hatte Sylvia aus dem Ruhrgebiet extra hergeholt, weil es ein Freund unserer Familie war. Und dann wurde ich von dem bekniet mit seinen Bibelsprüchen, daß das Sünde ist und alles Mögliche, und meine Frau heulte, und dann saß ich da, sollte beichten und einen Strich unter die ganze Geschichte machen. Ich wurde so in die Enge getrieben, daß ich zugestimmt habe, obwohl ich wußte, daß ich's nicht schaffen würde, daß es nicht richtig war. Aber ich konnte in dem Moment nicht anders. Das ging keine zwei Wochen gut, da hatte ich mich schon wieder heimlich mit meinem Freund getroffen. Irgendwie hat meine Frau das auch an mir gemerkt, daß ich wieder Kontakt mit ihm hatte. In der Zwischenzeit hab ich natürlich ein paar Mal wieder mit meiner Frau geschlafen, aber – na ja, dann bin ich doch wieder heimlich hingefahren zu meinem Freund, und dann hat sie es rausgekriegt. Als ich nach Hause kam, war das Theater wieder da. Da hab ich gesagt, daß ich nicht anders kann, daß ich das brauche, und dann hat sie mir gesagt: »So. Jetzt kannst du dich entscheiden. Entweder dein Freund oder ich, was anderes gibt's nicht.« Ich war noch so verknallt in den, und da hab ich gesagt: Dann ist mir mein Freund lieber. Da mußte sie es akzeptieren, und von da an lebten wir offiziell getrennt. Meine Frau hat aber so schnell keinen

Schlußstrich gezogen, die hat versucht mich jetzt von der christlichen Seite da rauszuholen, durch Fasten, durch Gebet, manchmal tagelang, und das ging ein paar Jahre. Sie hat die ganze Verwandtschaft mobilisiert, es war ein Aufbäumen von Eltern und Geschwistern und Schwiegereltern, und ich stand praktisch ganz alleine gegen dieses Bollwerk von Religiosität.«

Volker mußte in dieser Zeit auch erleben, daß das schwule Leben keineswegs das Paradies war, das er sich erträumt hatte. Er war aus der Gemeinde weggeblieben und entzog sich so immer mehr den Einflüssen der Religion. Oft vermißte er aber die freundliche Atmosphäre in der Gemeinde:

»Es gab schon manchmal Situationen, wenn ich depressiv war oder Schwierigkeiten mit dem Freund hatte, daß ich mich manchmal danach gesehnt habe, wieder in der Gemeinde zu sein. Habe mir das auch ganz konkret vorgestellt, daß ich wieder ganz neu lebe, mit der Frau, mit den Kindern, daß ich in der Gemeinde wieder aktiv bin und so – aber das waren nur ganz kurze Gedanken, weil mir dann wieder in den Sinn kam, daß es doch nicht geht. Was in mir drinsteckt, das kann ich nicht einfach unterdrücken, das geht nicht. Das versucht zwar die ganze religiöse Welt so zu machen, einfach zu sagen, daß man einen Schlußstrich drunter zieht, und dann ist Ruhe. Aber das stimmt nicht; nachher laufen mir hübsche Kerle über den Weg, und dann werde ich wieder daran erinnert. Das kann man nicht einfach auslöschen.«

Mit diesem neuen Zutrauen zu sich selbst, zu der Stimme seines eigenen Innern, konnte Volker den Verlockungen zur »Umkehr«, zur »Bekehrung« widerstehen. Was die Glaubensinhalte angeht, so blieb seine Kritik ebenfalls nicht aus. Er entdeckte erst jetzt die Uneinigkeit, die Rechthaberei und das Spitzfindige an den Auslegungen der heiligen Schriften, und damit erledigte sich für ihn der Wahrheitsgehalt von selbst. In seiner Gemeinde habe es sogar eine Spaltung darüber gegeben, berichtete er mir, daß seine Frau inzwischen einen Freund hat und mit ihm schläft, obwohl sie von Volker noch nicht geschieden ist.

Mit seinen Kindern hat Volker nach wie vor ein gutes Verhältnis; er ist häufig mit ihnen zusammen und bekam jetzt auch vom Gericht das Recht zugesprochen, die Kinder für ein Wochenende und im Urlaub bei sich zu haben. Einen Kompromiß ist er jedoch dafür eingegangen: sein Freund zog aus der gemeinsamen Wohnung aus. Das war das Zugeständnis, mit dem er erreicht hat, daß das Thema Homosexualität nicht auch noch vor Gericht zur Sprache kam.

Bastian und Ute

Bastian und Ute bieten ein etwas positiveres Bild religiöser Einflüsse: sie versuchen, aus ihrer christlichen Grundeinstellung heraus die vergleichsweise spät zu Tage getretene Homosexualität Bastians mit ihrer Ehe in Übereinstimmung zu bringen.

Bastian wuchs in einer ländlichen Gegend in Niederbayern auf. Erst nach etwa fünfzehn Jahren Ehe wurde ihm bewußt, daß er schwul ist. Er begann diese Tatsache für sich zu akzeptieren und setzte insofern in diesem Punkt die Gebote der Kirche für sich außer Kraft. Im übrigen sah er jedoch keinen Anlaß, sich grundsätzlich von der Kirche zu distanzieren (in diesem Fall ist es die evangelische), deren Wertvorstellungen ansonsten die seinen blieben und mit der er auch durch seine berufliche Position eng verbunden ist. Vor allem seine Frau wollte und will er nicht verletzen, denn immerhin hatten sie über ein Jahrzehnt lang zusammen eine ausgesprochen harmonische Ehe geführt.

Bastian schickte mir eine Kassette, auf der er von einem Freund interviewt wird und erlaubte mir, aus diesem Interview zu zitieren:

> »Wenn ich zurückdenke, waren meine erste Begegnung mit dem männlichen Geschlecht die allseits bekannten Doktorspiele. Das war wohl im Alter von zwölf, drei-

zehn Jahren. Ich habe die mitgemacht, und die sind mir auch nicht vom Übel gewesen. Es hat sich daraus eine Freundschaft zu einem Jungen in der Nachbarschaft entwickelt, und die ging über einige Jahre, auch im sexuellen Bereich. Wir verloren uns dann aber aus den Augen. Ich wohnte damals in einer sehr ländlichen Gegend, wir hatten nur die Möglichkeit, uns immer ganz versteckt zu treffen, meist im Wald. Vorausschikken muß ich, daß ich eine sehr strenge und religiöse, fast pietistische Erziehung genossen habe. Unsere Familie war sehr kirchlich orientiert, mein Vater war sehr streng und hat alles abgebogen, was in Richtung »Sünde« da sein konnte. So war es damals zum Beispiel nicht möglich für mich, zum Tanzen zu gehen, so daß sich mir das Thema Mädchen gar nicht stellte. Ich hatte aber auch nichts gegen sie.

Ich war damals sehr stark engagiert in der kirchlichen Jugendarbeit, habe selber Jugendgruppen geleitet, hatte aber da auch einen ganz natürlichen Umgang mit Mädchen. Ich hatte damals also nicht den Eindruck, daß das Schwulsein für mich einen großen Stellenwert hat. Es war verpönt, es war Sünde. Mit dem Freund, das war schön, aber ich hatte nicht den Eindruck, ich bin schwul. Und so kam es dann, daß ich im Alter von 27 Jahren geheiratet habe. Überraschenderweise war meiner Frau und mir bereits nach 14 Tagen Bekanntschaft klar: wir heiraten. Es dauerte dann zwar vom Organisatorischen und Beruflichen her noch einige Zeit, aber es war eine Zeit, in der wir beide im siebten Himmel waren. Wir haben eine totale Übereinstimmung erlebt in fast allen Bereichen, es gab keinen Bereich, den wir ausklammern mußten. Als wir die Wohnung eingerichtet haben, waren wir uns einig, was wir wollten, es war die totale Harmonie, auch was das Geschlechtliche, das Leben im Bett anging. Ich könnte nicht sagen, daß sich hier irgendetwas für mich problematisch gestaltete. Und ich vermißte auch keinen Freund, zunächst jedenfalls nicht, und wir waren – ja, wir waren glücklich!

Was natürlich, wenn ich darüber nachdenke, schon da war, das waren die Träume. Wenn ich nachts Samenergüsse hatte, war das immer nur bei dem Gedanken, mit Männern zusammen zu sein. Die waren also nie ausgelöst durch den Traum von Beisammensein mit einer Frau. Ich habe nie von meiner Frau geträumt! Bis heute noch nicht.

Wir lebten damals in der Nähe einer Großstadt, und ich war beruflich auch immer wieder in Großstädten und habe mich hier ganz verstohlen an den Zeitungskiosken herumgedrückt, um gleichgeschlechtliche Literatur zu finden. Allerdings habe ich mich nie getraut, was zu kaufen. Immerhin habe ich mich einmal in einen Sexshop hineingewagt (damals war ich schon weit über dreißig) und habe in solchen Heften gestöbert, die mich auch geschlechtlich sehr erregten. Natürlich spielte in dieser Phase auch die Selbstbefriedigung eine große Rolle.

Kinder wollten wir – es gab ja auch keinen Grund, sie nicht zu wollen –, aber durch unsere Berufsausbildung hat sich das etwas hinausgezögert, erst nach sechs Ehejahren hatten wir unser erstes Kind. Und ich weiß nicht, war es Zufall oder nicht, gerade als meine Frau mit unserem ersten Kind im Krankenhaus lag, bin ich sexuell mit einem Studienkollegen zusammengekommen. Diese Beziehung war relativ intensiv, allerdings wußte Ute nichts davon. Wir haben uns auch später noch bisweilen getroffen, aber dieser Freund hat dann auch geheiratet, und seit dieser Zeit ist es noch problematischer für uns, uns zu treffen.

Ich habe also immer wieder gemerkt, ich habe hier ein Bedürfnis, das ich befriedigen möchte, aber das hat sich nicht negativ auf die Beziehung zu Ute ausgewirkt. – Dann war ich mal auf einer Fortbildungsveranstaltung, und dann kam es am Abend, beim geselligen Teil, auf das Thema Homosexualität. Da war einer dabei, der hat sehr Partei ergriffen für die Homosexuellen. Und da hab ich mir gedacht, mit dem müßte ich mal reden. Vielleicht sogar mit ihm ins Bett gehen. Und ich hab den dann auch angesprochen, und wir saßen dann lange zusammen, und ich hab ihm meine Geschichte erzählt. Das war der erste, dem ich davon erzählt habe, das war zu einer Zeit, als ich auch langsam so einen Druck verspürt habe. Und wir haben auch über die Beziehung zu meiner Frau gesprochen, und ob ich es ihr nicht sagen soll. Er hat gesagt: Der Fairneß halber, sag es. Ich hab's mir auch vorgenommen, aber dann hatte ich Angst vor den Konsequenzen. Ich wußte nicht, wie nimmt sie's auf – wir hatten damals schon unser zweites Kind –, und ich war mir sehr, sehr unsicher.

In der Zwischenzeit hab ich eine neue Arbeitsstelle bekommen, wiederum in einer sehr ländlichen Gegend, sehr konservativ, und ich habe hier in dieser beruflichen Position einiges aufgebaut. Jetzt habe ich da Leitungsfunktionen und stehe auch sehr stark in der Öffentlichkeit. Und nun passierte vor ungefähr drei Jahren folgendes: In unserem Ort mittlerer Größe, so etwa 50000 Einwohner, entstand eine homosexuelle Interessengemeinschaft. Diese Gruppe tagte in kirchlichen Räumen. Ich habe das eigentlich erst mitbekommen, als es anfing, problematisch zu werden, als nämlich Verantwortliche für diese Gemeinde Schwierigkeiten hatten zuzulassen, daß sich in den kirchlichen Räumen Homosexuelle treffen. Diese Tatsache hat mich sehr erbost. Ich fand es unmöglich, wie hier mit dieser Gruppe umgegangen wurde.

Es gab dann eine Besprechung zu diesem Thema mit hauptamtlichen Mitarbeitern, zu der ich auch eingeladen wurde. Es waren Homosexuelle mit dabei, und es wurden Schriften verteilt, Fachliteratur zum Thema Homosexualität. Und seit der Zeit habe ich mich selbst intensiv mit dem Thema Homosexualität auseinandergesetzt. Ich habe die Bücher nahezu verschlungen. Es waren keine Pornoschriften, sondern wissenschaftliche Bücher, von Theologen, von Medizinern, von Sexualwissenschaftlern, und auch von kirchlichen Gruppen. Diese Bücher habe ich mit nach Hause genommen, hab

Ute davon erzählt, und die Gespräche liefen dann zu Hause über Homosexualität. Aber ganz unpersönlich, nicht, daß es mich betrifft. Wir haben uns allgemein darüber unterhalten, es war gewissermaßen Dienst, daß ich mich mit diesem Thema befasse.

Das ging so eine ganze Zeit, etwa vier, fünf Monate. Und dann wurde ich immer unruhiger. Die Spannungen zu Hause wurden immer gravierender. Wir haben uns plötzlich gestritten, über Sachen, die vorher nie ein Problem waren. Ich hab dann das Gespräche gesucht mit anderen Schwulen, und wir haben sehr lange und ausführlich über meine Situation gesprochen. Und da war immer wieder die Frage: Soll ich's sagen – soll ich's nicht sagen? Ich hatte unwahrscheinliche Angst. Von meiner beruflichen Position her zum einen, und zum anderen, weil ich nicht wußte, wie wird es Ute aufnehmen, können wir dann noch miteinander leben? Und da sagte ein schwuler Freund: »Ich bin sicher, du wirst in dem Moment mit ihr sprechen, wo du meinst, es tun zu müssen.« Dieser Satz wirkte richtig befreiend.

Und dann – ich weiß genau Uhrzeit, Stunde, meine Sitzposition, Utes Sitzposition, was wir an diesem Abend gemacht haben: Ich atmete schwer und tief, und sie fragte: »Hast du was?« – Und ich sagte: »Ja.« Und dann fragte sie: »Was denn?« – und dann begann ein Bekenntnis von mir, daß ich schwule Anteile habe – wie ich es oftmals formuliert habe. Ich habe ihr dann erzählt, wie schlimm es mir mit diesem Problem in der Zeit ging: daß das Schlafen mit ihr in der letzten Zeit nur noch ging, wenn ich dabei an einen Mann dachte. Und ich sagte ihr das alles an diesem Abend.

Diese Nachricht traf Ute wie ein Keulenschlag. Sechzehn Jahre harmonische Ehe! Ihre erste Reaktion war: »Warum hast du denn das nicht früher erzählt? Warum schlägst du dich so lange damit rum?« Und die zweite Frage war: »Warum hab ich das nicht gemerkt? Hast du so gut Theater gespielt? Ist denn das, was wir erlebt haben, was wir gemeinsam getan haben, alles Theater gewesen? Hast du mir das alles vorgespielt?« – Nach diesem Abend und an den Abenden danach gab es eine sehr tränenreiche Zeit für Ute und sehr lange Schweigezeiten immer wieder in unseren Gesprächen. Die Kinder, in der Zwischenzeit acht und zehn Jahre, haben natürlich mitbekommen, daß da irgendwas nicht stimmt. Wir haben sie dann beschwichtigt und gesagt, wir haben im Moment ein Problem, aber es hat mit euch nichts zu tun. Wir wollten die Kinder damit nicht belasten, es gab mit ihnen auch immer mal wieder Ärger allgemeiner Art, und wir hatten Angst, sie würden unsere Probleme auf sich beziehen.

Dann kam die Frage: Ja, wie soll es denn weitergehen? Ute fragte immer wieder: »Wie stellst du dir das jetzt vor?« Und sie sagte immer wieder: »Ich liebe dich, und du bist deswegen jetzt kein anderer. Auch wenn ich jetzt erst weiß, daß du schwul bist, du warst es die ganze Zeit.« Dann kamen natürlich auch solche Fragen wie: »Ist es denn nicht Einbildung?« – wo ich dann sagen mußte: Ich habe mich jetzt 30 Jahre lang mit diesem Problem herumgeschlagen, ich hab's nicht gemerkt, ich hab's versucht zu verdrängen, es ging nicht! Es ist keine Einbildung. – Und dann die Angst: »Was wird aus uns? Wie geht's weiter? Wird unsere Ehe Bestand haben?«

Es war dann oft so, daß wir uns tagelang angeschwiegen haben. Wir konnten einfach nicht reden, so gelähmt war vor allen Dingen Ute. Und dann sagte ich auch: »Ich möchte gerne einen Freund haben, mit dem ich zusammen sein kann, ich möchte aber auch an der Ehe festhalten.« Ute sagte dann: »Ich möchte dir das ja zugestehen. Vielleicht finden wir einen gemeinsamen Weg, einen Kompromiß. Aber ich bin auch noch da. Vergiß uns nicht. Wir hatten ja diese harmonische Zeit gehabt, soll denn das alles umsonst gewesen sein, wenn dies auseinanderbricht?«

Nun war ich natürlich vor dem Problem gestanden: wie kann ich in der ländlichen Struktur, in der ich lebe, in meiner Position und auch in meinem Alter – ich war inzwischen 43 Jahre alt – einen Freund finden? Ich habe mich bemüht, und ich habe auch einen gefunden, in meinem Alter, der viele Jahre in einer homosexuellen Ehe gelebt hat, wie er es nannte. Er akzeptierte mein Verheiratetsein und wollte mit mir eine Beziehung aufbauen. Ute wollte diesen Mann auch kennenlernen, und so habe ich ihn irgendwann zu meinem Geburtstag zu mir nach Hause eingeladen. Große Aufregung auf allen Seiten! Es entwickelte sich dann eine sehr positive Beziehung aller miteinander. Die Kinder nahmen ihn gut auf, und er konnte sich auf die Kinder einstellen, Ute fand Sympathien für ihn und er für sie, und so war das an sich eine sehr schöne Zeit.

Nun hat sich aber herausgestellt, daß es doch sehr schwierig ist für einen, der rein schwul lebt, mit einem eine schwule Beziehung zu haben, der in einer Ehe lebt. Die Beziehung ist inzwischen auseinandergegangen, sie dauerte ein gutes Jahr, und ich hab den Harald dann einmal gefragt, warum. Und der meinte: »Ja, damals kannte ich ja die Ute noch nicht.« Er bekam also Gewissenskonflikte, denn er hat gemerkt, wenn er sich stärker auf die Beziehung mit mir eingelassen hätte, hätte er die Beziehung zwischen Ute und mir gefährdet. Und deshalb hat er sich dann zurückgezogen, zwar in einer nicht sehr schönen Form, aber – gut, diese Beziehung ist zu Ende. Utes Sorge war weniger, daß Harald unsere Ehe zerstören könnte, sondern eher, daß ich ein Zusammenleben mit einem Mann bevorzugen würde. Dies ist eine ihrer Hauptsorgen geblieben. Wir haben auch immer wieder Krisensituationen, wo es auch viele Tränen gibt, einfach auch durch meine häufige Abwesenheit. Ich bin beruflich viel auf Reisen, ich bin durch mein Schwulsein viel abwesend, da gibt es Konflikte, und oft sagt Ute: »Ich habe den Eindruck, du brauchst uns nicht.« Und das belastet mich ein Stück weit, aber ich sage mir auch wieder, ich habe meinen Beruf und die Situation, in der ich jetzt stehe, nur dadurch, daß meine Frau so zu mir hält. Und was das Erstaunlichste ist: Seitdem wir offen miteinander über mein Schwulsein reden, klappt es bei uns im geschlecht lichen Bereich wie eh und je, ich möchte sogar sagen, fast besser als vorher.

Ich denke, uns ist in dieser veränderten Ehe einiges deutlicher geworden. Wir empfinden sie nicht mehr so als selbstverständlich. Wir leben bewußter, wir nützen die Zeiten, die wir miteinander haben, besser aus. Wir waren so eingefahren, und es lief halt so, ich hatte meinen Beruf, und alles war in Ordnung. Und dann plötzlich das. Das Thema »schwul« ist schlechthin das Lebensthema geworden, und ich bin froh, daß ich so eine verständnisvolle Partnerin habe. Ich muß aber auf der anderen Seite auch eingestehen, es ist viel schwieriger, als schwuler Vater und Ehemann in einer Heterobeziehung zu leben, als ich es mir gedacht hatte. Ich habe es mir leichter vorgestellt.

Jetzt sind wir auch auf der Suche nach Ehepaaren, die in der gleichen Situation sind, die aber den Wunsch haben, wie wir an ihrer Ehe festzuhalten. Ansonsten halten wir uns sehr zurück, mit anderen Freunden über dieses Thema zu reden, und das Hauptproblem dabei ist im Moment, daß ich zwar meine schwulen Freunde habe, zu denen ich gehen, bei denen ich mich ausweinen kann – aber Ute hat niemanden. Aufgrund der örtlichen Situation hier und meiner Position wagen wir es auch nicht, andere Freunde anzusprechen, weil wir Angst haben vor den Reaktionen. Ein Bekanntwerden meiner Situation hätte mit Sicherheit berufliche Konsequenzen.«

Ob die gegenwärtige Situation, in der Bastian sich befindet, Bestand haben kann, bleibt auch nach seinem eigenen Zeugnis offen. Er verschweigt nicht, daß seine Frau in der ungünstigeren Lage ist und nicht mehr allzu viel von ihm hat. Doch könnte gerade die bisherige, von der Religion geprägte Haltung Bastians auch seiner Zukunft weiter zum Fundament dienen – wenn nicht die offizielle Kirche selbst dem entgegenstünde. Im Interview hat Bastian mit Ausnahme der Episoden aus seiner Kinderzeit kaum etwas zum Thema Religion gesagt, was möglicherweise ein Hinweis darauf ist, daß er mit diesem Thema nicht ganz zurechtkommt.

Hans Danielkewitz:

SCHULDGEFÜHLE

Wäre Erika ein Mann, sie wäre der beste Lebenspartner, den ich mir denken kann. Aber wir stehen beide auf Männer, und das läßt sich nicht miteinander vereinbaren. Deshalb haben wir uns getrennt.

Ich habe meine Frau geliebt mit all der Liebe, die ich geben konnte. Sie hat mich geliebt mit all ihrer Liebe. Nach vier Jahren relativ unbeschwerter Ehe hat sie mir vier weitere Jahre lang Mut gemacht, mich darin bestärkt, mich als Mann, der Männer liebt, zu akzeptieren und zu offenbaren und mich dabei auf einem Weg unterstützt, der mich letztlich von ihr entfernen mußte. Seit Mitte 1986 leben wir getrennt. Wir lieben uns immer noch, anders als vorher, aber wir sprechen nicht mehr darüber. Die Wunden, die unsere durch mein spätes Coming Out bedingte Trennung geschlagen hat, sind noch nicht vernarbt. Es ist nur ganz dünne Haut darüber gewachsen, die jederzeit wieder aufbrechen kann. Das Schweigen über unsere andersartig fortbestehende Zuneigung ist unser einziger Schutz. Erika nimmt meine gelegentlichen Anflüge von wortloser Zärtlichkeit hin, läßt sie über sich ergehen, aber sie reagiert nicht mehr darauf, es sei denn ablehnend. Ich habe als Schwuler ein neues Leben entdeckt, das bei allen Widrigkeiten das meine ist. Ich habe etwas Neues hinzugewonnen. Erikas Leben ist das alte geblieben, und: sie hat etwas Liebgewordenes und Langvertrautes verloren. Sicher, sie hat nach eigenem Bekunden Selbstvertrauen und Selbständigkeit hinzugewonnen, durch die schiere Notwendigkeit, sich mir gegenüber abzugrenzen, um nicht unterzugehen. Aber den Verlust eines Menschen als Lebenspartner in einen Gewinn ummünzen? Das läuft über den Verstand noch ganz akzeptabel, aber über den Bauch als Sitz der Gefühlwelt? Und damit bin ich beim Thema: Schuldkomplexe.

In der Tat, ich fühlte mich schuldig, wenn es meiner Frau

wegen unserer Situation schlecht ging, ich fühlte mich schuldig, wenn ich mich in der damals gemeinsamen Wohnung über Nacht mit meinem Freund Michael zurückzog und Zärtlichkeit und Sex mit ihm hatte, obwohl für Erika dies noch akzeptabler war als das vollständige Übernachten außer Haus, schuldig, weil ich spürte, wie unsere Kinder vor der Trennung unter den Streßsituationen und meinen mehr oder weniger offenen Agressionen leiden mußten und sich doch nicht wehren konnten, schuldig, weil sogar ein schwuler Nicht-Vater und Nicht-Ehemann mir Vorhaltungen wegen meines Egoismus machte und mich verständnislos fragte, wieso ich etwas aufgeben wollte, was so manch anderer Schwule sich erträumte: das Gefühl, irgendwo zu Hause zu sein; schuldig, weil meine Eltern mir alle Schuld gaben und zusätzlich Öl ins Feuer zwischen Erika und mir gossen («du stellst deine Homosexualität über alles«, »Ehebruch...«, »verantwortungslos...« usw. usw.), schuldig, weil wir uns trennten wegen m e i n e m Schwulsein, als letzter Ausweg aus einer auf Dauer ausweglosen Situation. Und dennoch: Die Trennung war der einzige Ausweg. Meine Frau war es, die diesen Gedanken erstmals offen aussprach – noch bevor ich es wagte – als allmählich jeder von uns beiden spürte, daß es nicht nur gelegentlicher Sex mit Männern war, den ich suchte, sondern daß ich mich letztlich nach einer vollwertigen und umfassenden Partnerschaft mit einem Mann sehnen würde.

Während meines ersten Jahres mit Michael schien die Sache zu dritt gut zu funktionieren. Er hatte die katholische Kirche als Arbeitgeber mit allem, was diese Institution an Anforderungen an den persönlichen Lebenswandel stellt, ich hatte Frau und Kinder, und beide wollten wir zunächst an unserer jeweiligen Lebenssituation nichts ändern. Daher waren wir beide gewissen Grenzen und Einschränkungen unterworfen. Da auch Michael und Erika Wertschätzung für einander erkennen ließen und das Verhältnis zwischen ihm und den Kindern außerordentlich innig war, war dies vorerst ein für alle Beteiligten gangbarer Weg. Unsere Gefühlswelten waren – jedenfalls äußerlich betrachtet – ausgeglichen. Aber unversehens wurde dieser Kompromiß für mich zu einer neuen Ausgangssituation. Meine Gefühlswelt kam durcheinander, als ich spürte:

ich will mehr. Konflikte zwischen den berechtigten Interessen von Erika und den Kindern, den etwas bescheideneren, aber nicht weniger berechtigten Interessen meines Freundes und meinen eigenen Interessen mit allen Zwiespälten häuften sich. Ich suchte mehr Nähe zu Michael, fing an, meine Grenzen zu überschreiten und rüttelte damit auch an den seinen, die unverändert weiterbestanden. Resultat: Er zog sich zurück, die Nähe wurde zu groß, zu bedrohlich für ihn. Ich war enttäuscht, frustriert, agressiv, trug die Frustrationen und Agressionen in die Familie, die nichts für meinen Seelenzustand konnte.

In dieser Situation war es Erika, die mir klipp und klar sagte: Junge, du willst mehr als eine Männerfreundschaft neben der Ehe mit gelegentlichem Sex und ansonsten Familie. Wenn aber die Familie zum Prellbock für unerfüllte Sehnsüchte würde, dann sei es auf Dauer besser, wenn wir uns trennten. Ich konnte und wollte ihr nicht widersprechen. Sie hatte das Unaussprechliche ausgesprochen. Denn: Wenn jeder von uns beiden und auch die Kinder in Einklang mit sich selbst und in innerem Frieden leben sollten, gab es keinen anderen Weg. Die Anerkennung dieser Realität war bitter. Sie stellte alles in Frage, was wir bis dahin an Gemeinsamkeiten aufgebaut hatten. Wie würden wir in Zukunft leben? Wie würden wir miteinander umgehen? Wer zieht aus und wer bleibt in der gemeinsamen Wohnung? Was wird aus den Kindern? Wie schaffen wir es, zwei Mieten, zwei Haushalte zu finanzieren? Wie trennen wir den gemeinsamen Hausstand? Ist dies der erste Schritt zur endgültigen, auch juristischen Scheidung?

Und wieder die Schuldkomplexe. Denn ich war es ja, durch den all diese Fragen erst aufgeworfen wurden. Aber macht die Verwendung des Begriffes »Schuld« in diesem Zusammenhang überhaupt Sinn? Kann man von Schuld sprechen, wenn einer der Partner einer gesetzlich und gesellschaftlich definierten Beziehung (Ehe) erkennen muß, daß er in Unkenntnis seiner selbst eine Fehlentscheidung getroffen hat, die nun nach einem vielleicht mehrjährigen Prozeß der Selbsterkenntnis und Selbsterfahrung mit Zweifeln, Ängsten und inneren Qualen in ihren Folgen nicht mehr haltbar ist, ohne daß dabei die Empfindungen eines der beiden Beteiligten ständig vergewaltigt werden? Anders gefragt: Ist ein schwuler Ehemann und Vater schuld am Zerbrechen der von ihm mitgegründeten Familie, wenn er seine wahren Gefühle erst zu einem viel späteren Zeitpunkt entdeckt und die unstillbare Sehnsucht verspürt, im Einklang mit diesen Gefühlen zu leben? Manch einer (so auch meine Eltern) ist da schnell mit einer Patentlösung bei der Hand: Verantwortung zeigen = Pflicht erfüllen = die Familie um jeden Preis aufrechterhalten. Gefühle hat ein Mann ja nicht zu haben, und wenn doch, so sind diese gefälligst zum Wohle anderer lebendig zu begraben.

Hierin liegt das Dilemma der Tabuisierung der Gefühle von Männern und viel mehr noch der Tabuisierung der Homosexualität in unserer Gesellschaft. Würden wir im Lauf unserer christlich-abendländischen Erziehung in Elternhaus und Schule vorurteilsfrei erfahren, daß die meisten Männer sich für Frauen interessieren, daß es aber auch Männer gibt, die Männer mögen, und daß dies eben nur eine andere, aber nicht minderwertige Art von Zuneigung, Liebe und sexueller Orientierung ist; würden wir also in einer Gesellschaft leben, die diese andere Art von Sexualität, Partnerschaft und Lebensgestaltung mehr akzeptiert als dies heute der Fall ist, hätten viele sich später als schwul erkennende Ehemänner und Väter nicht geheiratet und keine Kinder gezeugt und somit gar nicht erst solche Situationen geschaffen, die später einmal viel Leid, Haß und Selbsthaß, Wut und Enttäuschung, Trauer und Resignation mit sich bringen können. Denn: Welche Möglichkeiten hat denn ein Schwuler, der das Coming Out erst n a c h Eheschließung und Familiengründung erlebt und es vor seiner Frau nicht verheimlicht, aber auch nicht länger verdrängen will?

1. Er kann entscheiden, bei der Familie zu bleiben und nur ab und zu Sex und ein wenig Zärtlichkeit bei dann vermutlich wechselnden Partnern zu suchen. Das Bild der heilen Familie bleibt gewahrt. Das kommt in der Praxis häufig vor.

2. Er kann versuchen, einen festen Partner zu finden, der die fortbestehende Ehe akzeptiert, und die Frau so weit zu bringen, daß sie die feste Beziehung ihres Mannes zu seinem Freund akzeptiert. Zeitweise gangbar, auf Dauer instabil, da wir als Zweisamkeit suchende Menschen offenbar für Dreierbeziehungen nur sehr bedingt geschaffen sind.

3. Er kann versuchen, im Gespräch mit der Partnerin eine Auflösung der bisherigen Partnerschaft herbeizuführen in einer Form, die beiden eine faire Vergangenheitsbewältigung ermöglicht und Chancen für einen unbelasteten Neubeginn eröffnet. Dies erscheint mir als die schwierigste, aber ehrlichste Lösung. Die Frau hat ein Anrecht darauf zu wissen, welche Perspektiven sie für die Zukunft hat.

Alternative eins war die Konstellation, die Erika und ich zuerst beide für realisierbar hielten. Sie war es für uns nicht. Nachdem ich mich zwei Jahre lang mit Wissen und Duldung meiner Frau ausgiebig ausgetobt hatte, sehnte ich mich nach einer beständigen und verläßlichen schwulen Partnerschaft. Also landeten wir bei der zweiten Alternative: Hans und Erika, und Hans und Michael. Eien echte Dreierbeziehung war dies natürlich nicht, denn die gleichrangige Achse Erika/ Michael fehlte, trotz grundsätzlicher Sympathie. Doch was tun, wenn eben auch beide Ansprüche an mich stellten, die nicht vereinbar waren, und mich dadurch in eine Zwangslage brachten? Wenn ich das mühsam gefundene Gleichgewicht nicht mehr halten konnte?

Nach einem guten Jahr war es nicht mehr zu halten. Meine Sehnsüchte nach einem eindeutigen Leben, nicht zwischen zwei Welten und in keiner daheim, wurden unaufhaltsam stärker. Ich driftete ab – in Richtung Mann. Ich verspürte den machtvollen inneren Drang, Eindeutigkeit in mein Leben zu bringen, ehrlich und mir selbst gemäß zu leben, was mir rund 30 Jahre durch andere und durch mich selbst verwehrt war. Ja, ich wollte in m e i n e r Welt daheim sein, und die war schwul. Ich mußte eine Entscheidung treffen, der drei Voraussetzungen zugrundelagen: 1. Ich bin schwul. 2. Ich lebe in familiärer Gemeinschaft mit einer – meiner – Frau und meinen Kindern. 3. Bedingungen 1 und 2 sind auf Dauer unvereinbar.

Punkt 1, mein Schwulsein, konnte ich als anerkannte Tatsache nicht verändern, selbst wenn ich dies gewollt hätte. Es blieb nur Punkt 2. Also mußte ich hier etwas verändern.

Von der gemeinsam getragenen Entscheidung bis zur Durchführung der räumlichen Trennung verging ein halbes Jahr, bedingt durch die Schwierigkeit, in München eine finanzierbare Zwei-Zimmer-Wohnung zu finden. Zwei Zimmer mußten es sein, denn, darüber waren Erika und ich uns einig, die Kinder sollten in beiden Wohnungen ein Stück Zuhause finden. Die Absprache über die Trennung des Hausstandes und sonstige organisatorische Fragen verlief ohne wesentlichen Streit. Unheimlich, aber wahr. Der Auszug hingegen war entsetzlich. Zwei Menschen, die sich lieben, trennen sich, weil ihre Liebe durch Umstände behindert wird, die ein Fortbestehen der Gemeinschaft unerträglich machten. Egoismus? Schuld?

Ich holte die letzte Kiste aus meinem Zimmer in der bis dahin gemeinsamen Wohnung. Sie war nun menschenleer. Erika war zu einem schwulen Freundespaar geflüchtet, um die Tragödie nicht mitzuerleben. Michael, der mir beim Umzug half, war wegen eines unaufschiebbaren Termines gerade gegangen. Eine Welt voller schöner Träume brach in mir zusammen, und ich mit ihr. Siebeneinhalb Jahre Ehe lagen hinter mir, und nun stand ich vor einem Scherbenhaufen. Ich fühlte mich der Länge nach auseinandergerissen und dabei unendlich verlassen. In diesem Moment brach ich in Tränen aus und wollte nicht mehr leben. Dennoch, ich lebte weiter. Erika und ich haben uns bald darauf an die Arbeit gemacht, die Einzelteile des großen Scherbenhaufens behutsam beiseite zu räumen, um zu sehen, ob es darunter noch etwas Brauchbares zu retten gab. Und siehe da, wir wurden fündig. Wir haben mit der Zeit altvertraute Dinge zu Tage gefördert: gegenseitige Achtung, Vertrauen zueinander, die Fähigkeit, miteinander zu lachen, das Bedürfnis nach gelegentlichen gemeinsamen Unternehmungen, die Bereitschaft, in Notsituationen füreinander da zu sein.

Die Trennung war vernichtender Zusammenbruch und befreiender Aufbruch zugleich. Ich fühle mich frei für ein neues Leben, ich spüre wieder Kraft in mir wachsen. Erika hat es schwerer. Nicht sie hat mich, sondern ich habe sie verlassen. Aber vielleicht kann auch sie die Chance zu einem Neubeginn nutzen.

Und jedem Anfang wohnt ein Zauber inne,
der uns beschützt und der uns hilft zu leben.
(Hermann Hesse)

ENTSCHEIDUNGSHILFEN

Welche Hilfen stehen schwulen Vätern oder lesbischen Müttern bei ihren schwierigen Problemen zur Verfügung? Insgesamt ist das Angebot noch sehr unbefriedigend, vor allem auf dem Lande, und die Informationssperren und Tabus im Alltag, in der Öffentlichkeit, an den Schulen etc. führen noch immer dazu, daß viele Menschen über Jahre hinweg allein mit ihren Problemen leben (und das betrifft nicht nur Homosexualität, sondern ebenso Alkoholismus oder psychische Schwierigkeiten) und voller Angst glauben, sie seien auf der ganzen Welt die einzigen, die es betrifft.

Wenn sich jemand mit rotem Kopf in einen Sexladen oder einen Kiosk wagt und dort eine schwule Pornozeitschrift kauft, ist das oft schon ein entscheidender Schritt zu mehr Offenheit und Selbstbewußtsein. Allerdings sollte es nicht dabei bleiben. Daher möchte ich hier noch einige andere Hilfsangebote erwähnen. Angebote zur Lektüre gibt es inzwischen reichlich.

Viel Erleichterung von den Zwängen der täglichen Fron kann auch eine Psychotherapie bieten. Als wir bei einem Treffen schwuler Väter einmal dieses Thema ansprachen, ergab sich ein lebhaftes Interesse, und es stellte sich heraus: Fast jeder von uns hat in der einen oder anderen Weise einmal eine Therapie in Anspruch genommen. Da zahlreiche Therapien inzwischen von den Krankenkassen übernommen werden, ist die Hemmschwelle sehr gesunken. Darüberhinhaus sind viele Menschen bereit, auch Geld in eine solche Form der Hilfe zu investieren, wenn es sein muß. Zu meiner Überraschung erklärten zahlreiche der etwa 15 Gesprächsteilnehmer, ihre Therapeutin habe wenig Informationen über Homosexualität oder gar eine ablehnende Haltung dazu gehabt, aber das habe ihr Vertrauen in sie nicht beeinträchtigt.

Welches die richtige und für den individuellen Fall geeignete Form der Therapie ist, läßt sich durch ein Gespräch mit dem

Hausarzt oder mit einer Beratungsstelle, z.B. »Pro Familia«, am besten herausfinden. Es gibt auch schriftliche Ratgeber und Beschreibungen der einzelnen Therapieformen; einige Hinweise dazu bietet der bibliographische Anhang in diesem Buch.

Damit die Therapie aber keine »Spielwiese« bleibt, ist es notwendig, daß wir in unserem Alltag, in unserem Freundeskreis die notwendige Unterstützung finden, die wir zur Bewältigung unserer Lebenssituation brauchen. Wertvoll kann da vor allem eine Gruppe von Menschen in ähnlicher Lage sein, mit denen wir uns aussprechen können. Solche Selbsthilfegruppen gibt es inzwischen auch für schwule Väter schon in einer ganzen Reihe von Städten. Die gegenwärtig erreichbaren Gruppen sind im Anhang dieses Buches verzeichnet, aber da solche Adressen sehr schnell veralten können, heißt es, sich nicht entmutigen zu lassen, wenn sie auf einmal nicht mehr stimmen. Wer eine Selbsthilfegruppe sucht oder gründen will, kann sich in einem solchen Fall immer an die nächstbeste Schwulenzeitschrift wenden und dort anfragen oder eine Anzeige aufgeben; oder man hängt in der nächsterreichbaren schwulen Emanzipationsgruppe einen Zettel aus.

Anzeigen sind außerdem erfolgversprechend in den »Stadtmagazinen« (dort sind sie vor allem meist kostenlos) oder auch in der lokalen Tageszeitung oder dem lokalen Anzeigenblatt. Hilfreich können auch die überregionalen Verbände sein, beispielsweise die Gruppe »Homosexuelle und Kirche« (HuK) oder seit neuestem der BVH, der Bundesverband Homosexualität. (Adressen im Anhang)

In einer Großstadt im Ruhrgebiet wurde einer der Mitarbeiter der dortigen Pro-Familia aufmerksam, als sich kurz hintereinander bei ihm mehrere verheiratete Schwule meldeten. Er brachte eine Selbsterfahrungsgruppe zustande. Mit dieser Gruppe habe ich mich etwa zwei Jahre nach ihrer Gründung unterhalten. Dietrich, ihr Initiator, ist Sozialarbeiter. Er beschrieb die berufliche Zusammensetzung der Gruppe als sehr gemischt: Einzelhandelskaufmann, Landwirt, Sozialarbeiter, Werbeleiter, Eisenbahnbeamter, Student. Die meisten, die zur Gruppe stießen, standen also voll im beruflichen Leben und waren zum Teil schon viele Jahre verheiratet. In den

Gesprächen der Gruppe stand übrigens die Partnerbeziehung an erster Stelle, nicht etwa die Kinder; man war schon fast etwas ungehalten, daß in Kleinanzeigen und sonstigen Hinweisen von mir immer nur von »schwulen Vätern« die Rede war, denn Kinder haben von den Mitgliedern die wenigsten.

Aus dem Gespräch, das ich mit der Gruppe führte, hier einige Ausschnitte:

> DIETRICH: Ich mache hier seit vier Jahren Schwulenberatung, und zwar einmal die Woche. Und da kamen öfters schwule verheiratete Männer mit dem speziellen Problem der Beziehung zu ihrer Frau. Und meine Überlegung war: Ich kann denen in Einzelberatungen eine Hilfe sein, aber es dauerte ein halbes oder dreiviertel Jahr, nachdem ich das in die Stadtmagazine und in die Schwulenzeitungen gesetzt hatte, bis eine Rückmeldung von vielleicht fünf Leuten kam. – Die erste Zeit blieb die Gruppe so ein halbes oder dreiviertel Jahr in derselben Zusammensetzung, dann kam erst der Norbert mit seinem Freund. Und was ich so interessant fand in der ersten Zeit, war, daß ihr eure augenblickliche Situation sehr tief besprochen habt.
>
> KLAUS: Ja, das war für jeden auch das erste Mal, daß er offen über seine Gefühle reden konnte, Verständnis fand, und daß so langsam die Angst wich, darüber zu reden und auch damit umzugehen. Man merkte bei jedem einzelnen, daß wir, je öfter wir uns trafen – alle 14 Tage, eine Zeitlang haben wir uns auch jede Woche getroffen – mehr Vertrauen zueinander bekamen. Und daß wir Dinge sagen konnten, vor denen wir sonst immer Angst hatten. Ich hab bei mir selbst gemerkt, daß ich den Dienstag gebraucht habe, um loszuwerden, was sich in mir aufgestaut hatte.
>
> GERD: Und das ging ohne »Experten«?
>
> DIETRICH: Wenn du mich als Experten siehst – ich meine, daß ich nie diese Rolle gespielt habe, daß ich der Macher war. Ich hab versucht, wenn was angesprochen wurde, zu vertiefen, aber sonst denke ich schon, daß ich mich sehr zurückgehalten habe.

KLAUS: Es war nicht ein offensiv geleitetes Gespräch, sondern du hast da gesteuert, wo wirklich mal ein Punkt war – dann hat Dietrich das darauf zurückgeführt: »Das war bei dir doch ähnlich, oder?«, und dann kamen wir tiefer. Weil wir selber so beladen waren mit unseren eigenen Sachen, haben wir oft gar nicht so genau hingehört, was bei den anderen war.

DIETRICH: Ich denke, daß ich so eine Art Wegbegleiter der Gruppe war. Was ich schon gemacht habe, war, wenn ich merkte, daß der Part der Frau zu wenig beachtet wurde, daß ich da gegengesteuert habe.

KLAUS: Damit nicht eine Einseitigkeit aufkam.

DIETRICH: Ich denke, die war notwendig für euch, die Einseitigkeit, das ohne Zweifel. Aber wenn ich merkte, daß auch der andere Punkt wieder reinmußte, dann hab ich den reingebracht.

KLAUS: Eins war, glaube ich, auch für alle wichtig: zu wissen, daß es ein neutraler Ort war, wo wir uns trafen. Die Anlaufstelle war nicht wie meinetwegen eine deklarierte Schwulengruppe. Wenn mich jemand gesehen hätte, dann wäre das hier unverfänglicher gewesen.

Wir haben uns dann auch privat getroffen und hatten die Telefonnummern von den anderen, so daß man einfach, wenn einem die Decke auf den Kopf fiel, die Möglichkeit hatte, jemanden anzurufen und da auch was loszuwerden, das mußte ja nicht immer nur Dietrich sein.

DIETRICH: Der Kontakt besteht eigentlich unter allen noch. Zu manchen, die jetzt nicht mehr so oft in die Gruppe kommen, vielleicht weniger, aber im allgemeinen ist ein Kontakt da.

KLAUS: Teilweise sogar ein sehr intensiver. Beispielsweise habe ich sonntags, als ich mit meiner Frau zusammen war, den Werner – einen aus der Gruppe, der heute nicht da ist – mit seiner Frau getroffen, und daraus ist sogar eine Freundschaft zwischen den Frauen entstanden. Der Werner und ich waren schon vorher sehr oft zusammen, und mittlerweile habe ich auch mit der Frau schon einen sehr guten Kontakt. Da kann ich ihr ein bißchen helfen, mit dem Schwulsein ihres Mannes fertigzuwerden. Meine Frau hatte auch beruflich schon sehr viel mit Schwulen zu tun, und es ist für sie eigentlich kein Problem, nur daß ich es bin, das ist das Problem. Mittlerweile kommt sie auch damit besser klar, aber dieser Lösungsprozeß, daß ich ihr verloren gehen könnte, das war die Schwierigkeit, nicht, daß ich schwul bin.

GERD: Wie war das mit den beteiligten Frauen, hätte es da die Möglichkeit gegeben, auch eine Gruppe zu machen?

DIETRICH: Genau das haben wir uns mal überlegt in der Gruppe, und wir waren uns dabei eigentlich sehr klug vorgekommen, als wir euren Frauen gesagt haben: Ihr habt hier die Möglichkeit, euch zu treffen, vielleicht auch noch mit einer Kollegin von uns. Aber die Frauen haben gemeint: »Ihr spinnt, oder was soll das?« Sie brachten dann den Ausdruck »Helfersyndrom«, aber was angekommen ist, denke ich mir, war »Abschieben«: Wir machen was für euch, damit wir und ihr besser klarkommt. Und das stimmte auch in etwa: Da ist bei uns in der Gruppe auch was falsch gelaufen.

GERD: Die Frauen sind aber von sich aus nicht auf die Idee gekommen?

KLAUS: So etwas gab es dann auch noch, zumindest zwischen meiner Frau und der von Werner. Das kam durch eine Zufall zustande, und die haben dann die ganze Zeit den Kontakt aufrechterhalten und intensiviert.

Unter den Männern, die nur ein- oder zweimal zur Gruppe kamen, war allerdings auch einer, der dann anrief und mitteilte, seine Frau wolle nicht mehr, daß er in die Gruppe komme. Die übrigen Frauen empfanden die Gesprächsgruppe zwar anfangs auch als Bedrohung, merkten aber bald, daß sie auch ihnen zugute kam, weil sich die Spannungen in der Beziehung verringerten.

Inzwischen, zwei Jahre nach dem Zustandekommen der

Gruppe, sind die meisten der beteiligten Paare getrennt, aber Dietrich sieht das nicht als Erfolg oder Mißerfolg der Gruppe: Für ihn ist entscheidend, daß die Beziehungen zwischen den ehemaligen Ehepartnern nicht aufgehört haben, sondern auf einer anderen Ebene weiterbestehen.

Bei den Mitgliedern dieser Gruppe wurde die Ehekrise durch die Erkenntnis der Männer ausgelöst, daß sie schwul sind. Im Falle von Klaus war eine Abtreibung der auslösende Punkt, der ihn dazu brachte, sich darüber klarzuwerden, warum er eigentlich nie Kinder gewollt hatte:

> KLAUS: Ich wollte nie Kinder haben. Das geht in meinem Bewußtsein nicht, ich kann mit Kindern nichts anfangen, und Kinder hätten mich auch gehindert, je zu mir selber zu kommen. Ich glaube, das ist sogar einer der wesentlichen Punkte, daß ich sage, mit einem Kind am Bein, das ist wie ein Klotz am Bein, um das mal ganz kraß zu sagen – das hört sich brutal an – aber das ist so, dann kann ich nie so leben, wie ich es will. Obwohl ich das nicht wahrhaben wollte, ich hatte eigentlich schon immer das Gefühl, ich will aus dieser Ehe raus, ich will anders leben. Meine Perspektive heute in einer Beziehung zu einem anderen Mann, das ist nicht nur für 14 Tage, das ist meine Perspektive.
>
> GERD: Deine Frau hatte sich das Kind gewünscht?
>
> KLAUS: Nein, sie ist zufälligerweise schwanger geworden. Sexuell lief bei uns sowieso nicht mehr viel, und dann – na, durch Dummheit eigentlich, muß ich sagen, wurde sie schwanger, und dann kam die Frage auf, Kind oder nicht. Und ich habe eindeutig gesagt, nein, ich will es nicht. Meine Frau wollte dann, indem sie das Kind abtreiben ließ, etwas für unsere Partnerschaft tun, und das Gegenteil ist eingetreten. Nur, sie hat auch für sich entschieden, daß sie das Kind nicht alleine wollte. Sie sah da auch für sich selber keine Zukunft: Sie hatte einen guten Job, den hätte sie mit einem Kind nicht weiter behalten können.
>
> GERD: Wieso hat es eigentlich bis zu diesem Zeitpunkt gebraucht, daß du dir ganz klar geworden bist

über deine Neigung zu Männern? Brauchtest du diesen Schock?

KLAUS: Ja, ich brauchte den Schock, und ich bin mir heute darüber im klaren, daß das bei mir durch meine Erziehung kommt, und ich laste das der katholischen Kirche an. Das ist für mich sehr eindeutig geworden. Ich war sehr religiös als Jugendlicher, und ich hab da eigentlich auch sehr viel bekommen, was ich brauchte, habe aber dann gemerkt, als meine Sexualität deutlich wurde, daß das, was ich empfand, »nicht richtig war«, daß ich also wirklich verdammt wurde. Das wurde immer deutlicher, und ich habe im letzten Jahr den Vollzug für mich gemacht, daß ich aus der Kirche ausgetreten bin. Ich habe meine Verklemmtheit früher sehr stark an meinen Eltern festgemacht, wobei mittlerweile meine Eltern und meine ganze Verwandtschaft Bescheid wissen. Das gab viel Trara und so, aber meine Eltern versuchen mich zu akzeptieren. Sie sind katholisch, es bleiben also Vorbehalte und so, aber ich glaube sogar, es geht aus dem Leidensdruck, daß es der eigene Sohn ist und von den vier Söhnen nicht der unbeliebteste.

Yves Navarre:

BLUE ARROW

»Die Geschichte mit dem Blue Arrow würde einen tollen Film abgeben. Soll ich dir die Geschichte erzählen?« – »Erzähl, Carlos, erzähle.« – »O. K., am letzten Augustwochenende hatte ich einen Platz im großen Salonwagen, der für die Zuspätkommenden reserviert ist, oder für diejenigen, die wie ich kein Geld haben und sich kein Privatabteil leisten können. Du mußt wissen, der Blue Arrow ist ein ziemlich altmodischer Zug. Innen sieht er aus wie ein viktorianischer Salon mit großen Klubsesseln und mit kleinen Mohren, die Drinks servieren und dich unter zwanzig verschiedenen Zigarettenmarken wählen lassen. Der Duft der großen Welt. Genau das, was ich brauche, wenn ich die Gänge dieses Krankenhauses vergessen will.«

Carlos lächelt. »An dem Tag hatte ich etwas zuviel getrunken, als ich auf den Zug wartete. Ich fühlte mich gut, total relaxed. Ich beobachtete jeden, der einstieg und sich hinsetzte und wer wen anschaute, ich versuchte mir das Leben jedes einzelnen vorzustellen. Auf einmal bemerkte ich, daß keine einzige Frau dabei war. Du weißt, im Sommer fahren alle Familien ans Meer. Die Ehemänner kommen nur am Wochenende. Richtig schöne, gute Familienväter so um die Dreißig. Die echte amerikanische Bourgeoisie. Sauber. Strahlend weiße Zähne, tadelloses Lächeln, schlecht sitzende Anzüge aus besten Stoffen, etwas zu bunte Krawatten, aber eine gekonnt saloppe Art, sie zu tragen. Kurzum, ich beobachte sie und sage mir, daß sie alle einander lieben. Daß sie alle aufeinander geil sind. In den Blicken, die sie austauschen – und wir sind etwa dreißig im Salonwagen – liegt etwas anderes als die Langeweile des banalen Abwartens während einer Bahnfahrt: Sie schauen sich an, weil sie Lust aufeinander haben. Sie sagen nichts, weil sie aufeinander geil und eifersüchtig sind.

Aber hinter ihren Zeitungen machen sie Liebe. Seitenblicke, wenn sie die Seiten umblättern. Wenn einer eine Zigarette anzündet, wenn er einen Schluck Gin trinkt, fixiert er den Typ gegenüber. Ein wildes platonisches Spiel, das während der ganzen Reise andauert. Und keiner spricht mit dem anderen. Höchstens eine Floskel über das Wetter, haben Sie Streichhölzer, wir sahen uns letztes Wochenende, mehr ist nicht drin. Sie sind verheiratet. In Southampton warten die Ehefrauen auf dem Bahnsteig. Und das ist die Hauptszene des Films. Lieblos küssen sie ihre Frauen. Kalt. Mechanisch. Verstehst du? Kannst du es sehen? Ganz anders die Kinder, die küssen sie voller Freude. Sie gehen in die Knie und nehmen sie in die Arme. Was meinst du dazu?« – »Das ist eine gute Idee, aber hast du dir schon einen Titel überlegt?« – »Anfangs dachte ich, er müßte Blue Arrow heißen, dann entdeckte ich eines Tages in einer Zeitung das Foto des Bildes, das auf einer Ausstellung mit moderner Kunst in Southampton verboten worden war. Es war ein vergrößertes senkrecht aufgehängtes Foto von Lippen. Du siehst sofort, worum es geht. Es sah aus wie Schamlippen, wie eine Möse, eine Vagina, kurzum die Ankunft des Zuges. Der Künstler hatte sein Bild *Band in Southampton* (»In Southampton verboten«) genannt. Ich fand, daß dies ein schöner Titel für meine Geschichte wäre.« Carlos kreuzt die Arme, schüttelt den Kopf. »Das Problem ist, daß ich nicht schreiben kann. Man müßte zuerst einen Roman darüber schreiben und dann ein Drehbuch daraus machen, und all das macht mir Angst. Nichts für mich.« Schweigen.

(aus: LOUKOUM) *

---

* Abdruck mit freundlicher Genehmigung des Verlags Rosa Winkel, Berlin. Erschienen 1986, übersetzt von Trivy Lejok + Heinz Jentner.

FRAUEN

»Ich bin froh, nach Jahren des Streits und der Mißverständnisse wieder eine Kommunikationsebene zu finden, auf der wir uns nicht hassen müssen«, schrieb mir ein schwuler Vater aus Wien zum Verhältnis zur Mutter seiner Tochter.

Es ist ein großer Schock für eine Frau, wenn sie, bisweilen nach vielen Jahren harmonischer Ehe, urplötzlich erfährt, daß ihr Mann schwul ist. Umso mehr, wenn dieser Mann etwa im kirchlichen Bereich arbeitet und sie am allerwenigsten Grund hat, »so etwas« zu vermuten. Doch schwerste Erschütterungen für ihr Seelenleben ergeben sich genausogut, wenn sie sich auf einen Mann einläßt, von dem sie schon vor der Ehe die Orientierung kennt.

Nur wenige Frauen konnte ich veranlassen, mir selber zu sagen oder zu schreiben, wie sie ihre Situation erlebt haben. Das meiste weiß ich also über die beteiligten Männer. Doch sind die Berichte, die mir zugingen, fast durchweg von Verständnis geprägt, ausgenommen vielleicht, wenn die Scheidungssituation noch sehr frisch war.

Es ergeben sich die verschiedensten Situationen und Entwicklungsmöglichkeiten:

– Das Bekenntnis oder die Nachricht von der Homosexualität des Mannes trifft in eine anscheinend völlig harmonische Ehe

– In der Ehe kriselt es bereits vor dieser Nachricht

– Die Situation ist auf die Nachricht hin von einer wachsenden Konfrontation geprägt

– Die Frau versucht sich zu arrangieren und dem Mann die Möglichkeit für ein schwules Leben einzuräumen

– Die Ehe bricht auseinander, die Kinder bleiben bei der Frau

– Die Ehe bricht auseinander, die Kinder bleiben beim Mann

– Beide Partner schaffen es, ihr Verhältnis auf einer neuen Ebene zu stabilisieren.

Aber wie bereits im Kapitel über Ehe und Familie dargelegt wurde, steht es nicht allein im Belieben der Individuen, welche Lösung aus ihren Problemen gefunden wird. Auf der anderen Seite ist sicher einer der stärksten ideologischen Grundpfeiler für das Bewußtsein der Menschen in unserem Kulturkreis die Überzeugung, daß das Ich als Individuum eben völlig souverän und selbstbestimmt sei. Gesellschaftliche Regelungen und Institutionen, Traditionen und Meinungen darüber, was »man« macht, arbeitet, kauft, etc. entziehen sich somit leicht der Anklage. Stattdessen suchen die beteiligten Personen in sich selbst oder im Partner die Schuld, beklagen das verlorene Lebensglück und verzweifeln oder ergreifen die Flucht.

Haß entsteht dabei umso leichter, je mehr die in einen Konflikt Verstrickten auf feste, gesellschaftliche normierte Rollenmuster fixiert sind und diese als das schlechthin Notwendige ansehen. Wer nicht in der Lage ist zu erkennen, daß die von ihm oder ihr eingenommenen Rollen nicht mit den eigenen Bedürfnissen und denen des Partners übereinstimmen, dem bleibt kein anderer Ausweg mehr, als sich selbst oder den Partner für alles Übel seiner Lage verantwortlich zu machen. Wir betrachten im folgenden zwei Fälle dieser Art und einen dritten, wo es anders läuft.

Angelika

Rudolf Riese ist Zahnarzt in Mannheim. Er lernte seine Frau während seines Studiums kennen und berichtet, er habe sie bereits vor der Heirat darüber informiert, daß er auch zu Männern hinneige. »Aber sie war in mich verknallt, und sie wollte mich.« Als Gründe für diese Verleugnung der Realität vermutet er Statusfragen; er erwähnt den heftigen Zwist, in dem seine Frau Angelika mit ihrem Bruder, einem Apotheker, lebt, und nimmt an, sie habe diesen durch die Heirat mit einem Zahnarzt ausstechen wollen. Der Bruder erschien auch nicht zur Hochzeit.

Rudolf scheint das Angebot zur »Normalität« erst einmal

ganz dankbar aufgegriffen zu haben und spielte für einige Jahre den traditionellen Ehemann und Ernährer. Die Tochter, Tanja, sollte erst abgetrieben werden, aber die Abtreibung war erfolglos. Ist es ein Wunder, daß Angelika, von Beruf medizinisch-technische Assistentin und interessiert an der Weiterführung dieser Tätigkeit, während der Zeit der Schwangerschaft immer unleidlicher wurde? Sie wollte das Kind eigentlich nicht. Rudolf dagegen »konnte sich mit dem Gedanken der Abtreibung nicht hundertprozentig identifizieren«, wie er sich ausdrückt, und bestand schließlich darauf, keinen zweiten Versuch zur Abtreibung mehr zu machen.

> »Ich habe am Anfang meiner Frau viel moralische Stütze gegeben, während der Schwangerschaft dann nicht mehr, da ich selbst in eine Krise gekommen bin, als ich merkte, daß sie sich durch die Schwangerschaft psychisch geändert hat. Sie war gereizt, unmotiviert, hatte berufliche Schwierigkeiten, war körperlich unfähig, weiter alle Sachen mitzumachen... Ich bin ein Typ, der gerne weggeht, und sie konnte dann nicht. Wenn es ihr gut ging, ging es mir nicht gut und umgekehrt, also, es gab keine gemeinsame Ebene. Und dadurch kam bei mir eine Unzufriedenheit auf, die während der Schwangerschaft mehrmals eskaliert ist.«

Dann war Rudolf allerdings bei der Geburt dabei und beschreibt dieses Ereignis als ausgesprochen aufwühlend und beglückend. Nur daß das Kind ein Mädchen wurde, damit konnte er sich erst nicht anfreunden:

> »Ich hatte mir einen Sohn gewünscht, weil ich mit männlichen Personen ein besseres Auskommen habe als mit weiblichen, auch gefühlsmäßig kann ich mich besser in männliche Gedankengänge hineindenken. Eine gewisse Frauenphobie ist also vorhanden, weil ich eben wesensmäßig damit nicht klarkomme. Meine Frau hat mir später gesagt, als die Hebamme sagte, es ist eine Tochter, da hat sie gedacht, o Gott, jetzt muß ich nochmal herhalten, damit das nächste ein Sohn wird.«

Auch Rudolf ließ sich übrigens, ähnlich wie Bastian, sexuell mit einem Bekannten ein, während seine Frau mit Tanja im Krankenhaus lag. Er selbst drückt das zwar etwas kaltschnäuzig aus: »Da habe ich meine Chance genutzt« – aber im Lichte zahlreicher anderer Zeugnisse dieser Art scheint sich in solcher Skrupellosigkeit eher die Gewalt des unterdrückten Triebes zu offenbaren. Es liegt geradezu eine archaische Logik darin, daß dieser sich gerade in einem Augenblick meldet, in den seine »offiziell anerkannte« Form in Hochzeit und Kindgeburt ihren deutlichsten Ausdruck findet.

Rudolfs Karriere war für die nächsten Jahre das Hauptthema der Familie. Während der Zeit der Geburt von Tanja stand ein Stellenwechsel an, und einige Zeit später stürzte er sich in das Abenteuer, eine eigene Praxis aufzubauen. Angelika hatte die traditionelle Rolle als Hausfrau nie gewollt; also engagierte sie bald für Tanja eine Tagesmutter und begann wieder zu arbeiten. Ein Jahr später jedoch gewann sie den Eindruck, daß die Psyche des Kindes unter dieser Situation litt, und gab ihren Beruf wieder auf. Statt dessen versuchte sie sich zu Hause fortzubilden, außerdem leistete sie ihrem Mann beim Aufbau seiner Praxis wertvolle Hilfe. »Was sie mir heute noch entsprechend nachweist, sie sei diejenige gewesen, die mir eigentlich auf die Sprünge geholfen hätte.«

Die Wohnsituation des Paares in einem Hochhaus war nicht dazu angetan, Angelika viel Kontakte zu verschaffen; nur kurzzeitig gab es Gesellschaft durch ein befreundetes Ehepaar im selben Haus, das aber dann auszog. Während Angelika also geradezu mit Tanja vereinsamte, zog es Rudolf immer mehr nach draußen. Von seiner Studienzeit her hatte er noch Kontakt zu seiner Studentenverbindung, »ein richtiger Heiratsmarkt«; aber Angelika wurde allmählich mißtrauisch über seine häufigen Besuche dort. Sie vermutete, er könne dort schwule Partner finden. Außerdem ging gerüchteweise in diesem Kreis die Rede von Rudolfs Homosexualität, und Angelika fühlte sich als Frau eines schwulen Mannes deshalb dort nicht mehr wohl. Lange jedoch wußte sie nicht, ob er seine Neigung wirklich auslebte oder nicht. »Irgendwann jedoch sprach sie das Thema offen an, nicht weil sie mir was nachweisen konnte oder wollte, sondern nur von der Thematik her: Sie sagte mir, wenn ich mit der Nachbarin im Bett gewesen wäre, dann sollte ich mich unter die Dusche stellen, und dann wäre alles erledigt, dann würde sie mich sogar noch fragen, ob's schön gewesen wäre; aber wenn ich mit einem Typen im Bett gewesen wäre, das würde sie nicht akzeptieren, das wäre das Ende der Ehe.«

Was Rudolf in der Ehe hielt, war lange Zeit nur noch die Person seines Schwiegervaters, den er als einen ruhigen, ausgeglichenen Mann beschreibt. In seiner Nähe gewann er den Eindruck, daß die Illusion von Harmonie und ruhigem Familienglück, die er sich erträumt hatte, ein wenig Wirklichkeit annahm. In seinem eigenen Haus, in das die Familie bald darauf umzog, fühlte er sich jedoch fast nur gestört. Er mußte auch nach Schluß der Sprechstunde noch zu Hause arbeiten und konnte sich nicht damit abfinden, daß seine Frau ihm in dieser Zeit nicht die Ruhe verschaffen konnte, die er brauchte: Immerzu wollte Tanja, seine kleine Tochter, etwas von ihm.

Seine Ansprüche oder vielmehr die Überforderung, die seine Praxis mit sich brachte und in die er sich, aus welchen Gründen auch immer, selbst hineinmanövriert hatte, frustrierten auf die Dauer also alle Mitglieder der Familie gleichermaßen. Immerhin gab es einen kleinen, heimlichen Triumph für Rudolf:

> »Ich habe in der weiteren Zeit der Ehe jede Chance genutzt, mich nebenher irgendwo abzureagieren, mich zu befriedigen. Am Anfang mit einem unheimlichen Schuldgefühl, das heißt, ich hatte einen relativ straffen Zeitplan, Praxisschluß plus eine Stunde Karenz. Wenn ich dann nicht zu Hause war, wurde zwar nicht hinter mir hertelefoniert, aber ich mußte Rede und Antwort stehen, wo ich gewesen war. Ich habe dann die Möglichkeiten genutzt, bei Abendeinkäufen für die Praxis im Großmarkt mir eine halbe bis eine Stunde Freizeit zu gönnen und habe dann in Mannheim Gegenden erkundet, wo man sich auf die Schnelle abreagieren konnte. Das kam anfangs vielleicht alle sechs bis acht Wochen einmal vor und später immer öfter. Ich habe dann innerhalb dieser immer enger werdenden Phasen auch

andere Männer kennengelernt, die verheiratet waren, mit erwachsenen Kindern sogar, die es genauso machten wie ich und aus dieser Zwickmühle nicht herauskamen.«

Die »Gegenden, wo man sich auf die Schnelle abreagieren konnte«, waren natürlich die schon erwähnten Klappen oder Parks, »wobei ich sagen muß, ich weiß nicht, ob man's pervers nennen soll. Zum Schluß ist es so gewesen: Wenn ich dann die Zeit gerade ausgenutzt hatte, mich irgendwo abzureagieren, hätte ich mit meiner Frau danach unheimlich gern geschlafen.«

Dieses ganze Hin und Her hält Rudolf aber nur für eine begrenzte Zeit aus, irgendwann, im Zusammenhang mit Weihnachten, mit dem Fest der Familie, bricht er zusammen, gesteht, daß er nie aufgehört hat, sich mit anderen Männern zu treffen, und hofft, endlich aus der Ehe herauszukommen. Doch so einfach, wie er sich das erst vorstellt, geht das natürlich nicht. Der einzige Punkt, der im schließlich angelaufenen Scheidungsprozeß unstreitig blieb, war, daß Tanja bei der Mutter bleiben sollte; Rudolf lehnte es auch ab, um Besuchs- und ähnliche Rechte zu streiten und hat seine Tochter somit seit seinem endgültigen Auszug (es gingen einige vorläufige voraus) praktisch nicht mehr gesehen. In allen anderen Punkten versuchte jeder der beiden Partner für sich herauszuholen, was herauszuholen war – es wurde ein ganz »normaler«, widerwärtiger Scheidungsprozeß. Nachdem ein Trennungsjahr herum war und Rudolf erreicht hatte, daß der Scheidungstermin dann auch wirklich stattfand (im letzten Augenblick hätte er sich fast von Angelika noch umstimmen lassen), war sein Zorn gegenüber seiner Frau jedoch schon sehr viel geringer als zu der Zeit, als wir uns das erste Mal über diese Probleme unterhielten. Er berichtete jedoch, seine Frau sei bei zwei Telefongesprächen, die in einem Zeitraum von etwa 14 Tagen geführt wurden, total verschieden mit ihm umgegangen, und das bestätigte ihm, daß der Bruch unheilbar sei.

»Sie rief mich in der Praxis an, worauf wir dann circa dreieinhalb Stunden miteinander telefoniert haben. Ich hatte das Gefühl, meine beste Freundin am Telefon zu haben. Wir haben uns über sämtliche Themen, sei es Homosexualität, sei es das Haus, Arbeiten, Urlaub usw. unterhalten, und ich war sogar bereit, wenn es dem Kind zuzumuten ist, mich wieder blicken zu lassen und meiner Frau und meiner Tochter zur Hand zu gehen. Und 14 Tage drauf rief mich meine Frau an, da ging es nur um irgendwelche Papiere, die vom Gericht benötigt wurden, und nach fünf Minuten war für sie die Sache erledigt, mit einem höchst beleidigenden Ton, sie wäre ja sowieso die Dumme, usw. usf., und das hat mir endgültig gezeigt, was ich die ganze Zeit vermutet hatte, daß sie sehr wechselhaft in dieser Richtung ist.«

Ich denke, daß die Wechselhaftigkeit von den zwei unterschiedlichen Ebenen herrührt, auf denen Angelika ihren Mann zwangsläufig erlebte: Als Person schätzte und begehrte sie ihn, daher hatte sie sich ja auf ihn eingelassen; aber in seiner sozialen Rolle als Ehemann fühlte sie sich von ihm verraten und hatte auch allen Grund dazu. Auf ihr allein lastete nun die Verantwortung für das ursprünglich von ihr gar nicht gewollte Kind, für das jetzt viel zu große Haus und nicht zuletzt für ihre eigene Zukunft.

Claudia

Claudia ist die Frau von Gunter, von dem bereits im Kapitel »Unschuld« die Rede war. Die Familie (inzwischen war eine Tocher geboren) lebte in einer österreichischen Mittelstadt. Als Gunter sich seiner Homosexualität bewußt wurde, erreichte er es, nach Wien versetzt zu werden, schützte also, wie bereits Volker, einen Sachzwang vor, um Abstand von seiner Familie zu bekommen. Claudia hatte keinen eigenen Beruf. Sie versuchte zu Beginn der Ehe noch, ihr Studium fortzusetzen, blieb dann aber in der Rolle der Hausfrau. Ihre Lebensperspektiven waren also noch stärker als die Angelikas auf ihren Mann gerichtet. Gunter beschreibt die weitere Entwicklung:

»Bald machte mir jedoch mein Gewissen einen Strich durch die Rechnung. Nachdem sich das Zusammenleben mit meinem Wiener Freund eingespielt hatte, bekam ich starke Sehnsucht, vor allem nach meiner Tochter. In einem Brief gestand ich meiner Frau schließlich die ganze Situation, und nun beginnen die schrecklichsten Jahre meines Lebens. Die Höhepunkte der dauernden Streitigkeiten und gegenseitigen Vorwürfe waren schließlich ein verhinderter Selbstmord von mir einerseits und ein verunglückter Selbstmord meiner Frau und damit verbunden ein glücklicherweise rechtzeitig verhinderter Mordversuch an meiner Tochter. Aufgrund dieses Schocks entschloß ich mich nach einem Jahr, nach Krems zur Familie zurückzukehren.

Wir nahmen erneut den Tanzsport auf, ebenfalls unsere sexuellen Beziehungen. Ich wechselte den Posten und avancierte schnell zum Hauptkassierer einer Sparkassenfiliale. Mehr als ein halbes Jahr ging ich keine schwulen Bekanntschaften ein. Bis zu dem Zeitpunkt, als ich mir zum Bewegungsausgleich einen Hund kaufte. Den verlangte es natürlich, am Abend in diversen Parks Gassi geführt zu werden. Was mir natürlich nicht unrecht war, und ich verstrickte mich bald wieder in ein Netz von Ausflüchten, um meine Gelüste stillen zu können. Von meiner Tochter entfernte ich mich damals immer mehr, nicht ihretwegen, sondern wegen des dauernden Ärgers mit meiner Frau, mit dem ich das Kind nicht belasten wollte. Also zog ich mich immer mehr zurück.

Dann wurde in Krems eine Homosexuellen-Initiative gegründet. Ich erreichte, daß meine Frau zu einigen Treffen mitkam. Ich versuchte alles erdenklich Mögliche, ihr Verständnis für mich zu wecken. Schließlich schien meine Rechnung aufzugehen. Wir trafen eine Abmachung, nach der ich ein- bis zweimal die Woche allein ausgehen konnte, ohne gefragt zu werden. Nur der Schein sollte gewahrt und die Familie nicht vernachlässigt werden. Daß dies allerdings nur die Ruhe vor dem Sturm sein sollte, erfuhr ich erst im Laufe des

Jahres 1983. In der Zwischenzeit wurde meine Frau erneut schwanger, und diesmal sollte es ein richtiges Wunschkind werden. Sie hatte im 5. Monat eine Fehlgeburt, glücklicherweise, muß ich heute sagen, obwohl es hart klingt. Es wären Drillinge geworden!!!

Nun folgt ein Jahr, das ich am liebsten aus meinem Leben streichen möchte. In der Firma riefen anonyme Leute an und beschuldigten mich der Homosexualität; ich bekam eine Gehaltspfändung nach der anderen zugestellt, und ich wußte nicht wofür. Schließlich übergab ich die ganze Angelegenheit der Bankanwältin, die sehr verständnisvoll war. Es wurde alles der Kripo übergeben, die schließlich die Schuldigen ans Licht brachte: meine Frau und meine Schwiegermutter, die ein Jahr lang fleißig auf meinen Namen einkauften, Versicherungspolicen fälschten, um Provisionen zu kassieren, Mahnungen unterschlugen etc. Alles, um mein Leben zu ruinieren.

In dieser Zeit hatte ich dann das größte Glück meines Lebens. Ich lernte einen drei Jahre älteren Mann kennen, der mir half, aus diesem Schlamassel herauszukommen, seelisch und finanziell. Ich bekannte mich vollkommen zu meinem Schwulsein, in der Arbeit, bei den Eltern, einfach überall. Auf diese Weise nahm ich meiner Frau alle Angriffspunkte weg, und wir konnten eine einvernehmliche Scheidung durchführen.

Meine Schwiegermutter wurde wegen ihres Vergehens zu zwei Jahren ohne Bewährung, meine Ex-Frau zu sechs Monaten mit Bewährung verurteilt. Sie ist nun nach Wien verzogen, und seitdem ist der einzige Kontakt zu meiner Tochter der Kontoauszug über S 1500,– monatlich Alimente. Diese ganze Situation tut mir sehr leid, da ich an meiner Tochter sehr hänge, aber jeden Gedanken an sie zurückdränge, da ich sie nicht besuchen kann und auch nicht will. Sie zu sehen gelingt nur mit Hilfe meiner Eltern, da ich meiner Ex-Frau nur noch mit extrem starken Aggressionen gegenübertreten kann und fürchte, einmal die Kontrolle zu verlieren. Sie versucht nämlich weiterhin, mir zu schaden und mei-

> nem Freund und mir das Leben schwerzumachen; aber Gott sei Dank ist unsere Beziehung so weit gefestigt, daß uns das nicht mehr stören kann. Ich sehe meine Tochter jetzt vier- bis fünfmal im Jahr, sie mag meinen Freund sehr gern. Ich werde jedesmal eifersüchtig!«

In diesem Bericht wird noch einmal und noch weitaus drastischer als in dem über Angelika die Übermacht der gesellschaftlich diktierten Rolle über den individuellen Wunsch zu Versöhnung und Integration deutlich. Für Claudia muß es eine ungeheure Überwindung gewesen sein, sich ernsthaft mit dem Thema Homosexualität auseinanderzusetzen und sogar in die Schwulengruppe mitzugehen; als dieses Bemühen um Verständnis nicht ihrer tiefen Verletztheit und dem Gefühl der Erniedrigung die Waage halten konnte, beschloß sie, sich zu rächen.

Heide

Eine ganz andere Frau dagegen ist Heide: Von jeher unabhängig, mit eigenem Beruf, schließlich in der Ehe mit Jan mehr als einmal die Alleinverdienerin. Ursprünglich wollte sie Maskenbildnerin werden, aber das wurde von ihrer Familie völlig abgelehnt. Zur Lehrerin hätte es auch gereicht, aber in diesem Beruf standen soziale Vorurteile ihrer Eltern entgegen. So wurde sie Erzieherin in einem Kindergarten, und dies, so meint sie heute, ist ein ganz befriedigender Kompromiß. Für Jan, der in den letzten Jahren angefangen hat mit Bleiverglasungen zu arbeiten, hat sie viele der gegenständlichen Entwürfe gezeichnet.

> »Aufgrund meiner Erziehung zu Hause, – mit der ich mich sehr lange auseinandergesetzt habe –, in der die Männer immer als sexuelle Protze, als Negativfiguren dargestellt wurden, hat mich die schwule Szene fasziniert, weil hier die ersten Männer waren, die meinen ästhetischen Vorstellungen entsprochen haben – ich bin ein ästhetisch sehr ausgeprägter Mensch – und zum

anderen hatte ich bei ihnen immer das Gefühl, wenn die mit mir reden, dann meinen sie mich als Person und nicht nur meinen Körper. Natürlich hat mich das eine Zeitlang sehr auf die schwule Szene fixiert. Ich hatte also einen relativ guten Einblick in diese Szene, bevor ich Jan traf.

Das war die David-Bowie-Zeit, ein Hauch von Travestie galt als schick in den Clubs, und ich hatte viele schwule Freunde. Wir haben nicht viel über Sexualität gesprochen, aber ich konnte immer mit einer gewissen Toleranz auf die Schwulen zugehen. Ich habe sie eigentlich immer als sehr nette und mir gegenüber auch offene und freundliche Männer erlebt. Und dann habe ich Jan kennengelernt. Bis dahin hatte ich 5 Jahre alleine gewohnt. Ständig hing ich irgendwo in der Nachtszene rum, mit den ganzen irren Typen, und wir haben »die Sau rausgelassen«. Allmählich bemerkte ich aber eine immer größer werdende Diskrepanz zwischen dem Tag, meiner Arbeit im Kindergarten, und der Nacht, in Discotheken, Clubs und bei Konzerten. Ich habe mir die Männer rausgesucht, die ich haben wollte, habe sie abgeschleppt und mit ihnen geschlafen, – aber mal davon abgesehen, daß die meisten keine guten Liebhaber waren und das Betterlebnis eigentlich auch nicht von einer tieferen Emotion getragen wurde, hat mir das bis dahin eigentlich nicht viel gebracht, außer der kurzen Bestätigung, doch das bekommen zu haben, was ich wollte.

Die Unterschiede zwischen Tag und Nacht wurden immer deutlicher, und manchmal habe ich mich gefragt: Wohin gehörst du eigentlich? Und dann habe ich gedacht: Jetzt hast du alles gemacht, was du alleine machen kannst. Wenn du jetzt noch weiter alleine lebst, dann wirst du exzentrisch. Ich hatte Lust darauf, eine neue Erfahrung zu machen, mit anderen Menschen zusammen zu leben und zu wohnen. Durch Herrmann, den ich schon länger kannte, lernte ich seinen Freund Jan kennen. Wir haben uns gut unterhalten, sehr interessante Gespräche miteinander geführt und auch das gefiel mir an ihm, neben seiner äußeren Erscheinung, weil er mich als Typ angesprochen hat. Ich habe mir gedacht, der hat echt was im Kopf, mit dem kannst du dich gut auseinandersetzen. Meine Beziehungen zu Männern waren trotz der kritischen Grundlage immer schon viel besser als zu Frauen, schon von Kindheit an, von meinem Vater an. Frauen habe ich fast immer als sehr konfliktbeladen erlebt, mit Männern hatte ich da viel positivere Erfahrungen.

Dann war es so: Jan wollte aus seiner Wohnung raus, Herrmann wollte weg von zu Hause und ich wollte mit jemandem zusammenziehen. Bald schon merkte ich, daß die Bezeihung zwischen Jan und Herrmann nicht hielt und daß sich zwischen Jan und mir etwas entspann, aber ich habe das eigentlich nicht so ernst genommen, und an den Umgang mit Schwulen war ich ja auch gewohnt. Ich muß sagen, ich bin sehr unbedarft in dieses Zusammenziehen hineingegangen, weil ich absolut keine Vorstellung hatte von dem, was auf mich zukam. Wenn ich eine Vorstellung hatte, dann nur vom Kopf her, vielleicht sah ich die kleine Spitze eines Eisberges auf mich zutreiben, aber ansonsten war mir völlig unklar, was da auf mich zukam. Einmal durch das Zusammenleben mit einem Menschen überhaupt und dann noch durch das Zusammenleben mit einem zu der Zeit noch sehr verschlossenen Mann wie Jan, der außerdem schwul ist und Bedürfnisse nach anderen Männern hat.

Am Anfang war es folgendermaßen: Jan ist meine erste langfristige Beziehung. Vorher bin ich enger werdenden Beziehungsversuchen ausgewichen oder habe sie abgebrochen. Oft bin ich auch von Männern verlassen worden, da war das mit Jan eine völlig neue Situation für mich. Ich bin, glaube ich, sehr idealistisch drangegangen, mit der Einstellung, wenn Konflikte auftreten, das ist ganz klar, dann können wir miteinander reden und versuchen, Kompromisse zu finden. Und erstmal fühlte ich mich sehr umworben und körperlich begehrt, und von daher konnte ich es gut wegstecken, wenn Jan ab und zu mal mit einem Typen schlief.

Dann kam Ben, mit dem Jan etwa ein Jahr lang eine Beziehung hatte. Zu Ben hatte ich erst einmal eine gewisse Distanz, mit der Zeit aber baute sich eine recht interessante intellektuelle Beziehung zwischen Ben und mir auf. Eigentlich war es generell so, daß ich zunächst einmal sehr distanziert war, wenn Jan einen neuen Freund mitbrachte. Aber gleichzeitig hatte ich auch immer das Gefühl, mit dem mußt du dich jetzt verstehen. Das war so eine Art Zwang in mir. Aber dadurch, daß ich auf diese Leute zuging, konnten sie darauf auch antworten, es war nie so, daß man sich auswich, sondern es kam immer eine Beziehung in Gang. Und dadurch, daß Ben ein Jahr lang regelmäßig kam, haben wir uns doch sehr intensiv miteinander auseinandersetzen können. Ich will nicht sagen, daß es eine besonders herzliche Beziehung war zwischen Ben und mir, aber sie war offen, so offen, daß ich mit Ben auch über Jan reden konnte – wie empfindest du Jan in bestimmten Situationen, was findest du gut an ihm, was reizt dich, was stört dich, wie gehst du damit um, wie gehe ich damit um – eine Erfahrung, die ich später nie wieder mit einem Freund von Jan gemacht habe.

Ich habe also immer versucht, vom Kopf her diese ganzen Männergeschichten zu bearbeiten. Und je öfter irgendwelche Männergeschichten waren, die dann auch wieder scheiterten, mal nach einer Nacht, mal nach drei Wochen, desto sicherer wurde ich mir in meiner Position, etwas Besonderes für Jan zu sein. Ich habe gedacht: Jetzt haben wir schon so viele Beziehungsversuche überlebt, unsere Beziehung hat andere Versuche überdauert. Das gab mir auch viel Sicherheit, die sehr wichtig für mich war.

Andererseits habe ich natürlich auch ungeheure Angst gehabt, Jan zu verlieren. Ich habe mich so manches Mal sehr einsam gefühlt, wenn ich alleine in meinem Bett lag und wußte, der Mann, den ich gerne habe, macht da oben mit einem anderen Typen herum, das war manchmal schrecklich.

Mit der Zeit kündigte sich immer stärker durch Jans

Verhalten an, wann er wieder »einen Mann brauchte«. Wenn er zwei, drei Tage lang kaum noch sprach, durch nichts aufzurütteln war, kaum auf Fragen antwortete, und dann, wenn ich lange genug gebohrt hatte, er schließlich sagte: Ja, es ist die übliche Sache, – dann wußte ich, es ist wieder mal soweit.

Andererseits habe ich aber auch erfahren, wenn Jan eine gute Nacht mit einem Typ hatte, dann war er auch immer sehr nett zu mir. Sein positives Gefühl übertrug sich auch auf mich. Und wahrscheinlich ist dies der Grund, warum ich es überhaupt ausgehalten habe. Es war für mich nicht leicht und ich habe gewaltige Ängste gehabt, verlassen zu werden: Was geschieht, wenn der Typ besser ist als ich? Konkurrenzgefühle: der nimmt mir was weg; und auch Neid. Denn ich wäre lange Jahre gerne selber ein Mann gewesen.

Zwei Wochen nachdem wir zusammengezogen waren, sagte Jan zu mir: »Ich möchte gerne ein Kind mit dir haben«. Damals habe ich das gar nicht ernst genommen. Für mich war klar, daß es für den Wunsch nach einem Kind ganz bestimmte Bedingungen gab. Erstens war mir wichtig, aus mir selbst heraus den Wunsch zu haben, es sollte auch meine Entscheidung sein. Ich wollte mich nicht von Jan beeinflussen lassen. Zweitens braucht ein Kind einen gewissen Rahmen der Sicherheit, auch finanzieller Art. Jan war zeitweise arbeitslos, wir haben von meinem Gehalt gelebt und hatten immer eine relativ teure Wohnung. Ich wollte auch nie allein ein Kind haben, für mich war eine weitere Bedingung, daß ich mit dem Vater des Kindes zusammenlebte. Zu wissen, die Beziehung ist nicht so schnell zu erschüttern, sondern wir sind bereit, die Verantwortung gemeinsam zu tragen.

Ich wollte ein Wunschkind haben, es sollte nicht einfach so passieren. Und dann wurde ich auch schwanger, alles lief sehr problemlos. Ich war 26, ein gutes Alter, – ich hatte die Dinge, die ich mit mir abzuklären hatte, geklärt, drei Jahre, in denen wir die wichtigsten Entscheidungsweichen für unsere Beziehung gestellt hatten. Es war ein guter Zeitpunkt. Es war schön, mir ging es gut in der Schwangerschaft, weil ich das Kind ja auch wollte. Und etwas Verblüffendes war: Während der Schwangerschaft habe ich mich das allererstemal als Frau gefühlt. Ich bekam auf einmal eine Brust, mein Bauch wurde dicker, ich merkte, da wächst etwas in mir. Ich sah auch unheimlich gut aus, das haben mir alle bestätigt.

Aber zwischendurch kam dann auch die Angst wieder: In Berlin, ich war im 7. Monat, da hatten wir mal eine starke Spannung. Jan lernte einen Typen kennen, an dem er sehr interessiert war, aber außer daß seine Laune immer schlechter wurde, geschah nichts. Bis dann das Argument von seiner Seite kam: Wenn du dabei bist, dann kann ich den Typen nicht anmachen, die hinderst mich daran, locker zu sein. In solchen Situationen war die Angst sofort wieder da, und ich habe mich gefragt: War die Entscheidung richtig? Aber ich war nun mal schwanger, und nach der Geburt – wir sind gemeinsam ins Krankenhaus gegangen – war eine relativ lange Zeit, etwa ein halbes Jahr, in der unser ganzes Denken doch sehr von dem Kind gefangen genommen wurde. In dieser neuen Beziehung gab es wenig Raum, um die Männerfreundschaften wieder aufzunehmen. Irgendwann aber wurde auch das wieder akut. Da mir Jan gesagt hatte, wenn wir zusammen weggehen, kann ich nicht locker sein, da haben wir eigentlich schon angefangen, eigene Wege zu gehen.

Als Adrian etwa zwei Jahre alt war, habe ich mich einer Theatergruppe angeschlossen und für mich eigene Aktivitäten aufgebaut.«

Es stellte sich heraus, daß die Interessen der Partner überhaupt sehr verschieden waren: Heide wollte in ihrer Freizeit gerne nach draußen gehen, Jan zog es vor, zu Hause zu arbeiten oder Musik zu hören. Damit waren, besonders an den Wochenenden, wenig Möglichkeiten für gemeinsame Aktivitäten gegeben, und im Urlaub ebensowenig, da Jan wenig Neigung zeigte, wegzufahren.

»Bestimmte Verweigerungen von Jan haben mich oft traurig oder auch wütend gemacht«, sagt Heide, »aber wenn er sich nicht so konstant verweigert hätte, wäre ich nicht so selbständig geworden. Ich hatte nämlich durchaus Tendenzen zur Unselbständigkeit.«

Auch bei Heide meldeten sich also die unbewußten Träume vieler Frauen nach dem harmonischen Zusammensein an Heim und Herd. Manchmal fragte sie sich auch: Wofür brauche ich ihn überhaupt?

Für Heide war es von vornherein klar, daß sie ihren Beruf nicht aufgeben würde, also wurde eine Tagesmutter engagiert, zu der Adrian noch heute gute Kontakte hat; und in den Zeiten von Jans Arbeitslosigkeit konnte er sich um das Kind kümmern. Später kam Adrian in den Kindergarten, in dem Heide arbeitete, und als er eingeschult wurde, gab es in der Nähe eine Ganztagsschule, in die er gehen konnte. »Vorzüge des Stadtlebens, auf dem Lande wäre das nicht möglich gewesen!«

Es gab aber auch Probleme in Adrians Entwicklung. Heide berichtet:

> »Erzieherinnen haben mich darauf angesprochen, daß das Kind im Kindergarten gewisse Verhaltensweisen zeigte, die sie darauf zurückführten, daß Adrian ein wenig vereinsamt wirkte, aufgrund unserer Familiensituation. Und das hat mich wahnsinnig hart getroffen. Mit Jan konnte ich darüber nicht so gut reden, weil er das nicht so gesehen hat, aber ich habe mir wirklich Sorgen gemacht. Zum Beispiel hat Adrian sich stundenlang draußen bei den Jugendlichen aufgehalten – eigentlich gar kein altersmäßiger Kontakt für ein vierjähriges Kind – er ist sehr stark auf diese Jugendlichen zugegangen, weil er anscheinend bei ihnen Zuwendung suchte. Das hat in mir die Frage ausgelöst: Kann ich meinem Kind genug Zuwendung geben? Ich hatte das Gefühl, dadurch, daß ich von Jan manchmal sehr wenig Zuwendung erhielt, selber so leergelaufen zu sein, daß ich einfach nicht in der Lage war, dem Kind die Zuwendung zukommen zu lassen, die ich ihm vom Kopf her an sich hätte geben sollen.«

Jan dagegen beschreibt, daß er gerade auch in Zeiten, wo ihm ein Freund fehlt, im Schmusen mit Adrian wenigstens etwas von der Zärtlichkeit ausleben kann, die er sich wünschte. Heide sieht auch keinen Anlaß, sich über ihn als Vater zu beklagen; ebensowenig über seine Einstellung zur Hausarbeit. In diesen Bereichen lagen ihre Konflikte nicht, im Gegenteil, hier war die bleibende Basis für ihre Gemeinsamkeit. Da waren auch ihre gemeinsamen Situationen mit Adrian: Beim Frühstück, für das sie sich besonders an den Wochenenden Zeit lassen oder das sie im Bett einnehmen, beim Abendessen, das sie gemeinsam oder abwechselnd zubereiten. Eine Zeitlang betrieben sie auch gemeinsam einen Laden für Kunstgegenstände und Antiquitäten, dieses Projekt scheiterte jedoch.

Der härteste Punkt in der Beziehung war für Heide allerdings der Entschluß von Jan, seine sexuellen Beziehungen zu ihr abzubrechen. Das war zwei Jahre, bevor ich mit den beiden sprach. Jan beschreibt den Weg, der zu diesem Entschluß führte, wie folgt:

> »Wir hatten uns zunächst vorgenommen, nur miteinander zu schlafen, wenn wir beide Lust dazu haben und nicht, »weil die Zeit reif ist«. Daß dieser Druck sich mit der Zeit wieder eingeschlichen hat, das ist eine andere Sache. Als dann die kurzfristigen Beziehungen zu Männern nicht mehr so problemlos liefen, entstand weiterer Druck. Es gab eine Zeit, in der meine Neigung zu Männern sogar für mich problematisch und unübersichtlich wurde, auch dadurch geriet ich unter immer stärker werdenden Druck – bis ich jedes Signal von Heide sofort in Druck umsetzte. Es kam soweit, daß Heide mir nicht einmal mehr locker einen Gutenachtkuss geben konnte, ohne daß ich ihn gleich als Aufforderung empfand, mit ihr zu schlafen. Obwohl es von Heide bestimmt nicht so gemeint war. Aber von einem gewissen Punkt an verselbständigte sich das alles, wurde immer stärker, wurde übermächtig – ich hatte überhaupt keine Vernunftsgründe mehr, die Sache noch anzugehen. Dazu kommt die Angst vor Geschlechtskrankheiten: Im großen und ganzen bin ich ziemlich

verschont geblieben, aber ich habe schon mal eine Syphilis gehabt. Und jedesmal, wenn ich einen neuen Partner kennengelernt habe, war auch die Unsicherheit da: Na, vielleicht hast du dir doch was geholt? Selbst wenn ich unheimlich toll mit Heide hätte schlafen können, habe ich mir eigentlich selber immer einen Dämpfer aufgesetzt und mir gesagt: Warte mal lieber fünf, sechs Tage, damit du zumindest weißt, daß du keinen Tripper hast. Das Problem ist natürlich mit AIDS auch nicht gerade leichter geworden.«

Als Hauptgrund nennt Jan aber eindeutig seine Gefühlsverwirrung inbezug auf das Verlangen nach Sexualität von Heides Seite, und er wußte sich aus diesem Knoten nicht anders zu befreien als durch die Erklärung an Heide: Ich kann nicht mehr mit dir schlafen.

Diese Eröffnung traf Heide wie ein Keulenschlag, damit hatte sie nicht gerechnet.

»Das war eine Entscheidung, die Jan mit sich getroffen hatte und über die er mit einem Freund eine ganze Nacht gesprochen hat. Erstmal wußte ich nicht, daß solch eine Entscheidung von seiner Seite auf mich zukommt. Ich hab das so eingeordnet wie: das kennen wir schon, Rückzugstendenz... Daß aber so etwas kommt: ich muß hier weg, ich kann nicht mehr, und: du engst mich ein, – da war ich überhaupt nicht drauf vorbereitet, das hat mich wie ein Blitzschlag getroffen. Das hat mich auch ungeheuer verletzt und mein Vertrauen in unsere Beziehung verändert, wo ich doch jahrelang Stärke daraus bezogen habe, daß unsere Beziehung durch Geschichten mit anderen Männern neues Feuer erhalten hatte. Also für mich war das der totale Absturz.

Zum Glück bin ich ein Mensch, der, egal wie es ihm auch geht, schnell zu handeln weiß. Für mich sah es so aus: Jan zieht sich zurück, und ich sitze da mit dem Kind. Doch schon am nächsten Tag hatte ich, trotz des tiefen Schocks, Lösungsmöglichkeiten für mich gefunden, – wie ich bestimmte Dinge organisieren und wie ich mein Leben alleine mit dem Kind meistern könnte. Das war wichtig für mein Selbstbewußtsein, denn ich habe gemerkt, egal was auch geschieht, du kannst dich auf dich selbst verlassen.

Daß Jans Entscheidung mich als Frau unheimlich verletzt hat, das ist die andere Tatsache. Ich wurde so sehr getroffen, daß ich nicht noch einmal bereit bin, so viel von mir in einen Mann zu investieren. Das möchte ich nicht mehr. Das sage ich für jetzt, es kann sich wieder ändern. Aber im Augenblick ist diese Entscheidung für mich klar.

Ein weiterer Aspekt, ich brauche keine Angst zu haben, mich mit AIDS zu infizieren. Dies beinhaltet zwar, konsequent enthaltsam zu leben, aber das ist für mich kein großes Problem – denn ich bin nicht wieder bereit, mich auf »Eine-Nacht-Bettgeschichten« einzulassen. Der wichtigste Unterschied zu meinen an sich guten Beziehungen zu Männern überhaupt und zu Jan war das Bett. Und daß dies nicht mehr ist, das weiß ich jetzt nach zwei Jahren, war für mich das Schlimmste.

Als Jan mir das mitteilte, da habe ich gedacht: Na ja, das bekommst du auch alleine geregelt, und dann haben wir uns ein Wochenende getrennt und überlegt. Dabei kam für mich heraus: Elf Jahre habe ich nun mit einem Menschen verbracht, und die Gefühle für ihn sind trotz der neuen Situation noch da, es ist ein Kind da, das den Vater sehr gerne hat, – es war uns schon immer klar, daß wir im Falle einer Trennung die Belange des Kindes gemeinsam regeln wollten. Ich habe mir gesagt, es ist nicht unbedingt notwendig, nur weil wir die gemeinsame Sexualität nicht mehr haben, den Alltag auffliegen zu lassen. Und deshalb habe ich Jan vorgeschlagen, daß wir doch zusammen bleiben könnten und daß Jan sich ein Zimmer sucht, wo er seine Bedürfnisse ausleben kann, ohne daß ihn die Familiensituation daran hindert. Dieser Entscheidung konnte Jan auch zustimmen.

Bei Jans Entschluß, nicht mehr mit mir zu schlafen, hatte ich das Gefühl, es ist etwas von ihm entschieden worden, was uns beide betrifft. Ein halbes Jahr später sind wir umgezogen, in eine Wohnung mit zwei Ebenen. Und da wollte ich mich abgrenzen, so haben wir seitdem jeder sein eigenes Zimmer, in das man sich zurückziehen kann.«

Nach dem Schock brauchte Heide eine Gesprächstherapie, und sie berichtete, daß ihr das sehr gut getan habe. Außerdem verstärkte sie ihre Tätigkeit nach außen, in der sie Anerkennung finden konnte, und stellte fest, daß es ihr auch dabei sehr gut ging. Auf diese Weise, so sagt sie, ist in den letzten Jahren eine gewisse Entspannung in die Beziehung zu Jan gekommen. Im menschlichen Miteinander erwartet sie nach wie vor ein spannungsfreies Miteinander-umgehen-können und das Teilen der anfallenden Alltagsaufgaben (Einkaufen, Kochen, Spülen, etc., sich um Adrian kümmern, usw.)

Es gibt nur wenig Bekannte, mit denen Jan und Heide über ihre Beziehung und ihre Probleme sprechen können, die meisten von ihnen haben mehr oder weniger die Hände über dem Kopf zusammengeschlagen, als sie Einzelheiten erfuhren, konnten sich aber in keiner Weise in ihre Lage hineinversetzen. »Jan war immer Einzelkämpfer, und ich bin es geworden«, meint Heide etwas resigniert. Trotzdem konnte ihre Beziehung alle bisherigen Krisen überstehen, weil sie von Anfang an nicht der Versuchung unterlegen sind, mit dem Strom zu schwimmen und immer nach Lösungen außerhalb der breiten Wege Ausschau gehalten haben.

Anders als Angelika, die ja auch von Anfang an von den schwulen Neigungen ihres Mannes wußte, hat Heide der Versuchung widerstanden, dieses Wissen zu verdrängen. Allerdings sagt sie heute, sie wisse nicht mehr, ob sie eine solche Beziehung zu einem schwulen Mann noch einmal eingehen würde, wenn sie vor die Wahl gestellt wäre. Ganz anders jedoch ihr Kommentar zu der Entscheidung, ein Kind zu haben. »Das war eine der besten Entscheidungen meines Lebens!«

Es bleibt die Frage, wer anders als Jan als Vater für das Kind infrage gekommen wäre: »Entweder wieder ein schwuler Mann, oder ein Mann, der bereit ist, mir viel persönliche Unabhängigkeiten und Freiräume zu lassen.«

Steffi Gleitz:

Mein Vater findet einen Freund

Ich bin fast 22 Jahre alt. Wenn ich zurückdenke und alte Fotos ansehe, kann ich sagen, ich hatte eine sehr glückliche Kindheit!

Wir unternahmen viele Dinge gemeinsam mit der Familie und haben wunderschöne Ferien verbracht, als wir Kinder größer wurden. Ich hatte, bis ich in die Pubertät kam, ein unerschütterliches Vertrauen, daß so ziemlich alles gut war. Vertrauen zu der Ehe meiner Eltern, deren Qualität sie auch besonders dann betont haben, wenn andere Ehepaare Schwierigkeiten hatten. Bei uns war alles o.k., und ich hatte ein sonniges Gemüt.

Später orientierte ich mich dann mehr und mehr nach meinem Freundeskreis, wurde selbständiger, wollte auch nicht mehr mit der Familie in Urlaub fahren. Ich brauchte meine eigenen Bereiche. Dabei mußte ich feststellen, daß diese Bestrebungen von meiner Mutter möglichst unterdrückt wurden: durch offene Verbote oder durch hinterlistige Appelle an die Moral (Familie über alles).

In dieser Zeit versammelte sie auch abends ihre beiden Kinder, um sich über meinen Vater zu beklagen und unsere Zustimmung zu ernten. Um was es dabei ging, weiß ich nur noch vage. Was mich störte, war die heimliche Verbrüderung, die gegen meinen Vater angezettelt werden sollte; die dann auch stattfand zwischen meinem Bruder und meiner Mutter und bestehen blieb bis heute. Für mich entstand der gleiche Konflikt, in dem ich später bei der Trennung auch stand: Wer hat recht? Meine Mutter war in der Zeit für mich ein wichtiger Gesprächspartner und hatte deshalb Einfluß auf mich.

Zu meinem Vater hatte ich weniger Kontakt. Er saß oft allein in seinem Zimmer, hörte Musik über Kopfhörer und arbeitete. Ich wußte zwar, daß er mich mochte, aber wir konnten nicht reden. Auch körperlich hatten wir absolut keinen Kontakt. Zärtlichkeit fand ich bei meiner Mutter.

Ein wichtiger Wendepunkt war dann die Verweigerung des Gartenhäuschens, das ich mit meinem Vater gemeinsam geplant und sogar schon angesehen hatte. Der Gedanke faszinierte mich total: in sicherer Obhut meiner Familie mein eigenes Reich haben! Abends im Bett schwelgte ich in den schönsten Farben von meinem kommenden Eigenheim. Das Veto meiner Mutter machte den Plan zunichte. Ich bekam zwar ein größeres Zimmer, die gesamte Wohnung wurde neu aufgeteilt, das Wohnzimmer aufgelöst, aber letzendlich hatte ich doch von allen das kleinste Zimmerchen bekommen.

Als ich fünfzehn war, hatte ich ein einschneidendes Erlebnis, das mich lange belastet hat und erst durch spätere Gespräche mit meinem Vater entschärft wurde: Pfingstferien – alle Familienmitglieder hatte sich ein eigenes Reiseziel gesteckt, außer meinem Vater, der zu Hause blieb. Ich fuhr mit einer Freundin nach Amsterdam, kehrte aber früher als geplant zurück, weil es wie aus Eimern goß. So kam ich gegen Mitternacht zu Hause an und wunderte mich, weil ich noch Licht sah im Zimmer meines Vaters, der normalerweise früh zu Bett ging. Ich stürzte also ins Zimmer und wollte gerade die wildesten Urlaubserlebnisse berichten, da sah ich meinen Vater und einen fremden Mann nackt auf dem Sofa sitzen und unsere Urlaubsfilme ansehen. Das wäre keine so große Überraschung gewesen, weil bei uns immer lockere Sitten herrschten, wenn der Mann nicht furchtbar erschrocken wäre und den vergeblichen Versuch unternommen hätte, sich zu verstecken. Ich war sprachlos und ging hinaus.

Meine Gefühle waren in höchstem Maße aufgewühlt. Ich begriff nichts mehr, hatte Angst; große Angst, etwas Wichtiges nicht gewußt zu haben. Ich hatte das Gefühl, alles hätte sich gegen mich verschworen, mir bisher etwas verheimlicht, und jetzt wollte ich begreifen, konnte aber nicht.

Als ich etwas klarer denken konnte, ging ich ins Bad. Dort stand auf dem roten Kosmetiktischchen meiner Mutter eine schwarze Badetasche mit irgendwelchen Utensilien darin, die keinem von uns gehörten. Ich ging wieder in mein Zimmer, setzte mich auf mein Bett und wartete, was passieren würde. Mein Vater kam herein und erzählte mir etwas von einem Kollegen, daß es sehr heiß gewesen sei und daß der Mann sich nur erschreckt hätte, weil er niemand erwartet hätte und seine Nacktheit ihm peinlich gewesen sei mir gegenüber. Er erklärte mir noch, daß er den Mann jetzt nach Hause bringen würde, er käme bald wieder.

Ich schmollte nur, hörte zu, glaubte es, glaubte es nicht, glaubte es... Ich blieb wach und wartete. Ich mußte reden! Ich wollte aus seinem Mund hören, was ich ahnte, aber nicht glauben konnte. Ich wartete zwei Stunden, bis ich die Wohnungstür hörte. Ich riß meine Tür auf und stellte fest, daß mein Vater erstaunt war, daß ich noch wach war. Ich stellte Fragen. Ich war jetzt wütend. Wütend, weil ich mich belogen fühlte, zum ersten Mal auf so fadenscheinige Weise belogen fühlte. Ich fragte nach der Badetasche und sagte: »Der Typ wäre doch hiergeblieben...!« Mein Vater stritt alles ab, aber ich glaubte ihm nicht.

Dieses Erlebnis habe ich lange mit mir herumgetragen, das Thema aber meinem Vater gegenüber nicht mehr erwähnt. Irgendwann habe ich es guten Freunden erzählt, die schockiert waren, aber mir auch nichts raten konnten. Ich habe manchmal mit mir gekämpft, mit meiner Mutter darüber zu sprechen. Aus irgendeinem Grunde habe ich es nicht getan.

Der Zustand zu Hause wurde immer katastrophaler. Meine Mutter sah fern, mein Vater ging abends oft allein aus, mein Bruder und ich gingen unsere eigenen Wege. Wir hatten uns alle herzlich wenig zu sagen. Ich schlief oft auswärts bei meiner Freundin, wo ich mich wohler fühlte. Die Mutter dieser Freundin erzählte mir einmal, sie habe meinen Vater in der Stadt gesehen, völlig gelöst und glücklich sei er mit einer Gruppe von Männern durch die Innenstadt spaziert. So kenne sie ihn gar nicht.

Mit 17 zog ich aus. Meine Mutter versuchte, mich mit finanziellen Druckmitteln zurückzuholen. Aber ich hatte Glück, brauchte keine Miete zu zahlen und brauchte fast nichts zum Leben. Mein Vater setzte dann durch, daß ich mehr Geld bekam, was der Lage aber kaum die Spannung nahm. Diese Zeit war schrecklich. Ich brauchte meine Eltern, brauchte aber das, was sie mir nicht geben konnten. Also hielt ich durch, ich tat möglichst alles, was man nicht durfte, wollte schockieren, wollte den Lügenmärchen ein Ende machen, belog mich aber selbst, denn abends im Bett weinte ich. Nach außen trug ich nach Möglichkeit die coole Maske zur Schau.

Ich sehnte mich zurück nach etwas, was es nicht mehr gab – die glücklichen Jahre.

Ich war wenig zu Hause. Wenn ich dort war, spürte ich die Spannung, die zwischen den dreien herrschte. In der ersten Zeit schloß sich meine Mutter in ihr Zimmer ein, wenn ich kam.

Dann holte sich mein Vater eine Hepatitis und lag auf der Isolierstation im Krankenhaus. Als wir ihn zu dritt besuchten, sah ich ihn zum ersten Mal in meinem Leben weinen, was mich ungeheuer gerührt hat.

Später brachte er dann immer öfter Herbert mit nach Hause. Die beiden renovierten die Wohnung, und meine Mutter erzählte mir, daß sie noch nie jemanden getroffen habe, der mit meinem Vater während der Arbeit auskommen konnte, aber die beiden seien ein tolles Team, und Herbert sei so nett. Meine Mutter ahnte nichts.

Einmal kam ich zu Besuch, und meine Mutter erklärte mir, daß mir mein Vater etwas zu sagen hätte. Ich fragte, was es denn sei. »Das muß er dir selbst sagen.« Ich ging also in die Küche, und da saß er. Ich spürte die Feierlichkeit des Augenblicks, und ich wußte, was nun kommen würde. Ich wartete darauf, ein bißchen aufgeregt, aber endlich, endlich klare Worte! Ich mußte lächeln, ein bißchen aus Verlegenheit, hauptsächlich aber Erleichterung: »Ich habe eine homosexuelle Beziehung zu Herbert.« Heute kann ich mich totlachen.

Der Auszug meiner Mutter folgte auf dem Fuße, Herbert zog ein, mein Bruder wohnte noch kurze Zeit in der Wohnung, und ich zog in Herberts Stadtzimmerchen, weil ich dringend etwas für mich suchte. In dieser Zeit machte ich mein Abitur.

Der Haushalt wurde getrennt, das Trennungsjahr begann, und damit etwas völlig Neues. Ich begann meine Eltern als einzelne Menschen zu begreifen, nicht mehr wie vorher als massive Front, gegen die ich anzukämpfen hatte. Ich sah mich aber auch plötzlich in einer Situation, wo beide von mir die Bestätigung wollten, daß sie richtig handelten. Besonders pikant war es, wenn es sich um dasselbe Ereignis handelte und tatsächlich jeder für sich richtig gehandelt hatte, bloß verbinden ließ sich das nicht. Ich hatte immer das Gefühl, daß man mich auf eine Seite zerren wollte – festlegen, zu welchem der beiden Standpunkte ich mich bekenne. Hältst du zu mir oder zu dem anderen? Ich wollte, ich konnte mich nicht entscheiden, empfand schließlich nur, daß es mich nichts anging. Danach begriff ich, daß ich nicht zu entscheiden hatte, sondern mit jedem Menschen einzeln umzugehen hatte.

Viele tränenreiche Gespräche haben wir geführt, tun es heute noch. Ich habe genossen, meinen Vater als Gefühlsmenschen kennenzulernen, konnte seine plötzliche Offenheit manchmal kaum fassen. Ich lerne ihn heute eigentlich erst richtig kennen – und lieben. Es ist ihm gelungen, dem neues Leben einzuhauchen, was vertrocknet, tot und verloren schien; wahrhaftig zu sein, dabei auch Schmerz zu fühlen, ohne das eigene Glück aus den Augen zu verlieren. Mittlerweile glaube ich, daß alles möglich ist – man muß nur damit beginnen.

Ich glaube, meinem Vater und Herbert ist es gelungen, eine Beziehung zu leben, die auch im Alltag lebendig bleibt und in der sich Romantik mit Realismus die Waage hält.

KINDER

Ja, warum eigentlich nicht?

Der Wunsch nach eigenen Kindern kommt möglicherweise bei jedem Menschen irgendwann im Laufe seines Lebens auf, warum also nicht auch bei Schwulen oder Lesben? Allerdings stehen diese unter einem besonderen Druck, dann nämlich, wenn sie sich über ihre sexuelle Orientierung noch nicht vollständig im klaren sind. Dann kann der Wunsch nach Kindern mehr oder weniger bewußt dem Verlangen entspringen, sich seine »Normalität« zu bestätigen. Das haben ja auch in den bisherigen Berichten dieses Buches verschiedene Väter erzählt, die dann zum Teil mit Hingabe ihre Rolle ausgefüllt haben. Die »falsche« Motivation schließt also keinesfalls »richtiges« Handeln aus, sobald die Unklarheiten erst einmal beseitigt sind. Andere schwule Väter (wie Wolfgang Gleitz etwa) gingen für viele Jahre völlig in ihrer Rolle innerhalb der »normalen« Familie auf, und da gehörten für sie selbstverständlich Kinder dazu. Sie hatten später am wenigsten Schwierigkeiten, ihren Kindern zu erklären, daß sie keinesfalls aufgrund eines Irrtums gezeugt worden sind. Bei wieder anderen spielte der Zufall eine Rolle, wie in Millionen anderer Beziehungen auch: Kinder kamen ungeplant, aber sie wurden akzeptiert, auch wenn ihr Erscheinen in vielen Fällen das schwule Coming Out um Jahre hinauszögerte.

Schließlich gibt es noch die Gruppe derjenigen, die erst nach ihrer Identitätsfindung als Homosexuelle zu dem Entschluß kommen, daß sie Kinder wollen. Diese Gruppe scheint in den USA bedeutend größer zu sein als bei uns, aber es gibt sie auch hier. Warum eigentlich, so könnte man sich unvoreingenommen fragen, sollen Schwule oder Lesben auch auf Kinder verzichten? Schließlich kann man bei ihnen voraussetzen, daß sie in ihrem Gefühlsleben weitaus weniger verklemmt sein werden als viele ihrer Hetero-Mitmenschen, daß sie also ihren Kindern ausreichend viel Zärtlichkeit und Freiheit mit auf den Lebensweg geben können.

Auf der anderen Seite sind natürlich auch Schwule und Lesben nicht von den allgemeinen Lebensbedingungen unserer heutigen Gesellschaft ausgenommen: die Atombombe und die schleichende Verseuchung unserer Lebensräume bedrohen auch sie, und diese Faktoren sind ja wohl zu einem nicht geringen Anteil daran beteiligt, daß immer weniger Leute überhaupt noch Kinder bekommen wollen, ganz zu schweigen von der direkten Kinderfeindlichkeit unserer Gesellschaft. Viele Homosexuelle sind – wiederum nicht anders als die Heteros – in ihrer eigenen Kindheit solch starker Unterdrükkung ausgesetzt gewesen, daß sie sich nicht vorstellen können, jemals zu Kindern ein unbefangenes Verhältnis zu entwickeln. Die allgemeine gesellschaftliche Tendenz zur »Normalität« – Schule, Beruf, Konsum, Bundeswehr, Heiraten, Hausbauen, Kinder kriegen, in Urlaub fahren etc. – mit ihren Pseudo-Werten von »Sicherheit« und »Wohlanständigkeit« wirkt gerade auf junge Leute meist abschreckend. Jedenfalls tragen diese Ideologien nicht dazu bei, die Antwort auf die Frage zu erleichtern: Will ich nun Kinder, weil ich damit einem Gebot der »Normalität« nachkomme, oder weil ich selbst es wirklich will?

Für Schwule oder Lesben, die gerne ein oder mehrere Kinder haben wollen, scheidet, jedenfalls in der BRD und Österreich, der Weg der Adoption nahezu aus, obwohl es der naheliegendste wäre. Die Klischees von der heilen Familie gelten unverändert starr für Ehepaare, die Kinder adoptieren wollen. Schwule oder Lesben haben da keine Chancen. (Zwar gibt es im Programm der GRÜNEN eine Forderung nach dem Adoptionsrecht für Schwule und Lesben, aber die Aussichten, diese Forderung in absehbarer Zeit zu verwirklichen, sind verschwindend gering). Und ein Versteckspiel mit Konventionalheirat etc. möchte ich niemandem anraten. So bleibt allenfalls der Weg, sich vorübergehend auf einen toleranten heterosexuellen Partner einzulassen (Joy Schulenburg, die Autorin eines Buches über schwul-lesbische Elternschaft, gewann einen schwulen Freund als Vater und lebte mit ihm und dessen Liebhaber zwecks gemeinsamer Kindererziehung zusammen)

– oder aber die künstliche Befruchtung.

Bei dieser Methode, die im Prinzip auch von medizinischen Laien praktiziert werden kann und bei genügender Vorbereitung weder peinlich sein muß noch technisch-unpersönlich abzulaufen braucht, versucht der Staat aber bereits, juristische Hürden aufzurichten. Was Gena Corea in ihrem Buch »MutterMaschine« für die USA beschreibt, soll jetzt auch in der BRD gesetzlich geregelt werden. Danach soll künstliche Befruchtung nur dann den Schutz des Staates genießen, wenn ein Arzt dabei mitwirkt (gewissermaßen als abstrakte Vaterfigur), und dieser darf nur eine verheiratete Frau künstlich befruchten. Damit wird den Frauen das einzige Element der modernen Gentechnologie, das zu ihrer Befreiung einen Beitrag leisten könnte, aus der Hand genommen.

Doch bleibt natürlich allen Frauen der Weg, sich über private Kontakte männlichen Samen zu verschaffen, sich mit ihm zu befruchten und das Odium der ledigen Mutter auf sich zu nehmen, das ja in den letzten zwanzig Jahren stark von seiner abschreckenden Wirkung verloren hat. Joy Schulenburg, die sich in ihrem Ratgeber ebenfalls mit dem Thema befaßt, empfiehlt allerdings, den Samenspender nicht vollständig anonym zu lassen, weil es bei eventuell auftretenden Erbkrankheiten oder ähnlichem möglicherweise wichtig werden könnte, von ihm Informationen zu erhalten. Außerdem solle man den immerhin vorstellbaren Wunsch des Kindes berücksichtigen, seinen Vater später einmal kennenzulernen.

Wie sag ich's meinem Kinde?

Die Frage »Wie sag ich's meinem Kinde?« nimmt für schwule Väter oder lesbische Mütter eine ganz besondere Färbung an. Denn schon im Kindergartenalter bekommen die lieben Kleinen ganz erstaunliche Einblicke in die gesellschaftliche Wirklichkeit vermittelt, die sie dann meistens mit fröhlicher oder verschmitzter Miene zu Hause verkünden. Homosexuelle Eltern müssen vor allem aufpassen, daß sie kindliche Schimpfwörter wie »Schwuli« oder Ähnliches nicht zu tragisch nehmen. Man kann mit den Kindern reden und ihnen ruhig klarmachen, daß so ein Schimpfwort – wie jedes, das eine Minderheit zur Zielscheibe macht – nicht allzu geeignet ist, um seinen Ärger auszudrücken. Aber eine erregte Auseinandersetzung, vor allem aber die Angst »Jetzt ist alles rausgekommen!« ist völlig unangebracht – dafür sind solche Schimpfwörter vor allem im schulischen Bereich zu sehr verbreitet. Vielleicht sind sie sogar bereits ein Anzeichen für die wachsende gesellschaftliche Selbstverständlichkeit von Homosexualität – ganz gegen den ersten Augenschein.

»Was wird mein Kind wohl draußen erzählen von dem, was es hier zu Hause mitbekommt?« ist eine oft gehörte Besorgnis schwuler Väter. Die Erfahrungsberichte, die ich kenne, sind sehr geeignet, zur Beruhigung solcher Ängste beizutragen. Es stellt sich nämlich immer wieder heraus, daß Kinder ein erstaunliches Gespür für Diskretion und Takt haben und bereits an geringen Anzeichen erkennen, wann es sinnvoll ist, »nach draußen« etwas zu erzählen und wann nicht. Bei ganz kleinen Kindern vor dem Schulalter können wir davon ausgehen, daß sie nur solche Dinge erzählen, die sie als ungewöhnlich oder seltsam erleben – besonders wenn sie ihnen Angst machen. (Den extremen Fall, bei dem das Kind vor lauter Angst nicht mehr zu sprechen wagt, klammern wir hier einmal aus.) Dann versuchen sie sich bei anderen Menschen zu vergewissern, daß dasjenige, was ihnen aufgefallen ist, doch etwas ganz Gewöhnliches ist.

Viele schwule Väter, übrigens darin kaum anders als aufgeschlossene Eltern ihrer Generation, möchten sich vor ihren Kindern möglicht wenig Zwang auferlegen, möchten sie frühzeitig daran gewöhnen, Erwachsene nackt zu sehen, und möchten auch mit ihnen schmusen, wie es ihnen und den Kindern gerade zumute ist. All das geht umso besser und selbstverständlicher, je mehr es ins Alltagsleben integriert ist und weder mit Prüderie noch mit Exhibitionismus einhergeht. Ebenso wie die Kinder morgens gern zu den Eltern ins warme Bett schlüpfen, genau so selbstverständlich werden sie dort auch Wärme und Zärtlichkeit suchen, wenn zwei Männer oder zwei Frauen dieses Bett teilen.

Über den Zeitpunkt, zu dem man mit den Kindern am besten darüber spricht, daß die Neigungen des Vaters oder der Mutter dem eigenen Geschlecht gelten und daß das gesellschaftlich möglicherweise Probleme geben kann – wann man das alles erzählen soll, darüber bestehen unter homosexuellen Eltern verschiedene Auffassungen. Oft kommt der Einwand: Überlaste ich mein Kind nicht durch eine solche Eröffnung? Zwinge ich es auf diese Weise nicht in eine Minderheiten-Position gegenüber der Umwelt hinein? Selbstverständlich besteht diese Gefahr. Bei dem, was wir erzählen, ist Zurückhaltung und Vorsicht also sicher am Platz. Doch entgehen wir dem Problem durch völliges Verschweigen keineswegs, denn auf die Dauer wird sich eine Kluft auftun zwischen dem, was die Kinder von unserem Leben auch gegen unseren Willen mitbekommen, und unseren »offiziellen« Äußerungen. Wenn diese Kluft zu groß wird, fühlen sich die Kinder gleich von zwei Seiten her überfordert: Sie werden uns gegenüber unsicher, weil sie sich unser Schweigen nicht zu deuten wissen, und der Außenwelt gegenüber empfinden sie zusätzlich ein Gefühl der Isolation, weil es offensichtlich um Dinge geht, »über die man nicht spricht.«

Am besten ist es natürlich, wenn die Kinder vom frühesten Alter an in eine gewisse Selbstverständlichkeit schwulen oder lesbischen Lebens hineinwachsen. Wenn etwa zu Hause ebenso oft heterosexuelle wie homosexuelle Bekannte zu Gast sind, alle aufgeschlossen und bereit, ihre Gefühle offen zu zeigen, besteht für die Kinder die beste Möglichkeit zu erfahren, daß jede Art von Zärtlichkeit schön ist. Ein solcher Bekanntenkreis ist keine Frage des Zufalls; er muß bewußt gewollt und geplant werden. Für uns wie für unsere Kinder ist es gleichermaßen von Wichtigkeit, mit aufgeschlossenen Freunden zu verkehren, vor denen wir nicht einen bedeutsamen Teil unseres Lebes verstecken müssen; und Anstrengungen in dieser Richtung lohnen sich, selbst ein Umzug in eine andere Gegend oder einen anderen Ort.

Es ist eine Kunst, auf die Fragen der Kinder zu hören und sie in ihrem Hintersinn zu erfassen. Da Kinder, wenn es um Homosexualität geht, schon wissen, daß das Thema, das sie berühren wollen, delikat ist, begnügen sie sich oft mit Andeutungen, mit indirekten Fragen, die dem Erwachsenen die Möglichkeit offen lassen, die Antwort zu verweigern – aber wehe, er tut das und verlängert damit für das Kind die Qual der

Ungewißheit! So fragte der älteste Sohn (12 Jahre) eines schwulen Vaters (Georg, s. dessen Bericht im 1. Kapitel) aus Anlaß einer Fernsehsendung, in der ein Schwuler auftrat, die Mutter: »Gell, Mutter, der Vater ist ja nicht so einer?« Ich denke, deutlicher konnte er schon nicht mehr ausdrücken, daß er bereits Bescheid wußte; aber er war absolut darauf angewiesen, von den Erwachsenen bestätigt zu bekommen und mit ihnen über das reden zu können, was er wußte oder ahnte. Bezeichnenderweise fragte der Junge in diesem Fall die weniger betroffene Mutter (diese berichtete es ihrem Ex-Mann, um sich mit ihm auf ein gemeinsames Vorgehen zu verständigen); gegenüber dem Vater machte er wiederum Andeutungen über den Freund der Mutter: »Der Burkhard ist ja jetzt sehr häufig bei der Mutter.« In diesem Falle antwortete der Vater einfach: »Nun, sie wird ihn wohl gern haben.« Und damit wußte der Junge Bescheid: der Vater ist auch informiert über den neuen Freund der Mutter, und er findet nichts schlimm dabei.

Martina

Martina ist 14 Jahre alt und wohnt mit ihrem Vater Hermann (45) und ihrem Bruder Carsten zusammen in Wien. Sie ließ sich von einem Freund des Vaters interviewen und erzählt, am Anfang habe sie sich »irrsinnig« für ihren Vater geschämt, als sie, damals war sie etwa 9 oder 10 Jahre alt, von seiner Homosexualiät erfuhr. Sie »überraschte« ihn, als er einen Mann küßte, der zu Gast war, und fragte ihn daraufhin direkt. Damals lebte Hermann schon von seiner Frau getrennt.

> MARTINA: So vor 3, 4 Jahren hab ich mitgekriegt, daß Hermann einen Freund aufs Zimmer mitgebracht hat, und wir waren dabei. Umd er hat halt mit ihm herumgeschmust (sie fängt an zu lachen) – ich meine, das ist nicht komisch, aber , na ja – dann hat er's halt mehr oder minder zugegeben. Aber ich habe damals noch nicht gewußt, was das bedeutet, ich habe mich nur irrsinnig dafür geschämt.
>
> FERDI: Und er hat dir gesagt, daß er schwul ist?

Oder wie ging das?

MARTINA: Na ja – daran kann ich mich nicht mehr so genau erinnern; aber ich hab damals, glaub ich, schon gewußt, was das ist, denn damals kamen die ersten Witze in der Schule, und ich hatte das erste Mal erfahren, was das Wort bedeutet. Und da hab ich mir gedacht, wenn mein Vater es mit Männern macht, was andere Männer mit Frauen machen, dann muß er auch schwul sein. Nur hab ich das Wort damals nicht aussprechen wollen. Homosexuell war eine bessere Bezeichnung dafür. Es ist irrsinnig viel getuschelt worden, natürlich hab ich jedesmal Wut gehabt, wenn jemand über Homosexuelle gelästert hat, oder wenn dann so Reden kamen: an welchem Ohr man den Ring trägt – wenn man ihn am linken Ohr trägt, ist man angeblich schwul oder so, und besser nicht, sonst könnte man ja in Verruf kommen –

Inzwischen, meint sie, versteht sie sich mit ihrem Vater eher besser als vorher. Wegen des Scheiterns seiner Ehe hat sie ihm keine Vorwürfe gemacht, das hatte nach ihrer Einschätzung auch nichts mit seiner Homosexualität zu tun. Ihre anfängliche Scham führt sie heute auf eine damalige Grundeinstellung zurück: »Damals wollte ich sein wie alle anderen.« Inzwischen habe sie sich verändert, und damit habe sich auch ihre Meinung zum Schwulsein verändert.

Aus der Sicht von Hermann, der getrennt befragt wurde, hörte sich diese Anekdote folgendermaßen an:

»Ich glaube, von meiner Homosexualität habe ich meinen Kindern erst erzählt, als ich meinen ersten Liebhaber hatte. Der hat mich besucht, und die Kinder haben ihn kennengelernt. Aber ich weiß es nicht mehr genau, wie ich das erzählt habe, ich glaub eher, daß es sich ergeben hat. Ich weiß nur eins: Ich habe mich ein Jahr, nachdem ich von meiner Frau ausgezogen bin, verliebt, und diesen Freund habe ich einige Tage später eingeladen, und er ist auch gekommen. Aber ich glaube, da war noch nichts, aber bei einem der folgenden

Besuche, vielleicht einige Wochen später. Da hat er auch hier geschlafen, und die Kinder haben einfach mitgekriegt, daß wir uns umarmen und küssen, und dann hab ich's ihnen sicher irgendwann erzählt.

Ich weiß, daß Martina anfangs Probleme mit dem Schwulsein gehabt hat, weil sie mir mal gesagt hat, ich glaub, das war mit 12, daß sie das okay findet, daß ich schwul bin, aber sie möchte unter keinen Umständen, daß das einer ihrer Freunde oder Freundinnen aus der Schule erfährt. Und ich kann mich erinnern, daß ich da ziemlich im Streß war, weil ich mir gedacht habe: Was mache ich, wenn Freunde von ihr bei uns übernachten, – was auch vorgekommen ist, vor allem nach Festen z. B. –, und die sehen da meine Bibliothek mit schwulen Büchern. Da bin ich dann so weit gegangen, daß ich diese Sachen diskret hinter irgendwelchen Bildern verstaut habe, um keine Schwierigkeiten zu machen. Und ich kann mich auch erinnern, daß ich mal ein Bild gezeichnet habe von zwei Männern, die sich küssen, und das hing an der Wand. Martina hat mich einmal gebeten, irgendwann vor einem Fest, ob ich das nicht entfernen kann, und seitdem habe ich's nie wieder aufgehängt.

Inzwischen hat Martina, wie ich erst vor kurzem erfahren habe, sämtlichen ihren Freunden, also ihren männlichen Freunden, in die sie verliebt war, erzählt, daß ich schwul bin. Sie hat mir davon erst erzählt bei dem zweiten festen Freund, den sie hatte, und ich war damals hocherfreut darüber und habe mir gedacht, sie steht wirklich zu mir. Und ich habe gefunden, daß sie einen enormen Mut hat. Ich hab dann erfahren, daß dieser Freund ein- oder zweimal in der »Lila-Villa« war (ein schwules Wohnprojekt in Wien), ohne daß er schwul ist, aber er hat sich einfach dafür interessiert, und da hab' ich mir gedacht, sie hat halt einen recht aufgeschlossenen Freund. Aber jetzt vor kurzem hat sie mir erzählt, daß sie das dem vorhergehenden auch schon erzählt hat, und der jetzige weiß es auch natürlich. Und sonst hat sie eigentlich kaum Kontakt zu

Schulfreundinnen oder -freunden, die regelmäßig herkommen, das hat sie ziemlich aufgegeben.

FERDI: Das heißt, die Martina steht zu dir. Und wie schaut es bei Carsten aus?

HERMANN: Es ist schwer zu sagen, es ist sehr geheimnisvoll. Ich hab das Gefühl, daß er alle meine Freunde recht gern hat, auch die Heterofreunde, und die sind ja eigentlich in der Überzahl. Er ist zwar immer sehr vorsichtig bei der Kontaktaufnahme, da läßt er sich ziemlich lang Zeit, aber wenn dann der Bann gebrochen ist, dann ist es sehr schön. Insofern glaub ich auch, daß er das mit der Homosexualität akzeptiert, aber es macht ihm sicher zu schaffen. Er hatte früher öfter einen Freund zu Hause, mit dem er spielte, und einige Male hatte ich auch jemanden zu Besuch, Männer, mit denen ich geschmust habe. Witzigerweise waren das noch nicht einmal schwule Männer, denn ich gehe mit meinen Heterofreunden auch ziemlich körperlich um. Das hat ein- oder zweimal der Freund von Carsten mitgekriegt, da sind sie einfach durchs Zimmer gelaufen. Wir haben uns dadurch nicht unterbrechen oder beirren lassen, ich habe mich aber natürlich gefragt, wie das für die Buben war, vor allem für den Carsten, ob ihm das peinlich war. Ich weiß es nicht, ich hab' ihn nicht direkt gefragt. Die einzige Reaktion war, daß die zwei ein bißchen gekichert haben beim Durchgehen (lacht), das ist ja Reaktion genug. – Aber in der letzten Zeit fragt mich Carsten sehr oft, wenn mein Freund da war, am nächsten Tag, ob er bei mir über Nacht geschlafen hat. Also, es interessiert ihn schon, was da los ist.

Martinas kleiner Bruder ist heute in dem Alter, in dem sie zum erstenmal von der Homosexualität ihres Vaters erfuhr. Er wollte sich nicht zu dem Thema äußern. Bis zur Pubertät neigen Kinder sehr dazu, sich an herrschende Weltvorstellungen anzupassen, weil sie sich davon Halt und Harmonie erhoffen; erst danach beziehen sie kritisch Stellung bis dahin, daß es ihnen wichtig ist, sich von »der Masse« der anderen zu unterscheiden, ja in bewußter Opposition zur Mehrheitsmeinung zu leben. Typisch für die Äußerungen von Martina war denn auch, daß sie wiederholt auf »die Leute« oder irgendwelche »blöden Schwätzer« zu sprechen kam, die ihre völlig aus der Luft gegriffenen Klischeevorstellungen von Homosexualität zum Besten gaben und denen sie habe übers Maul fahren müssen.

Angela

Angela (17) lebt mit ihrem Vater Berthold in Berlin. Berthold ist 40 Jahre alt und Diätkoch von Beruf. Vor einiger Zeit ist er in ein typisches Berliner Wohnprojekt eingestiegen: ein besetztes Haus, das vor den Spekulanten gerettet wurde. Die Besetzer haben es erworben und zum großen Teil in Eigenleistung renoviert.

Berthold ist seit neun Jahren geschieden. Zuerst bestand seine Frau Claudia darauf, Angela zu sich zu nehmen, aber sie wurde mit ihrer neuen Situation nicht fertig. Da Angela schon immer den Wunsch geäußert hatte, lieber bei ihrem Vater als bei ihrer Mutter zu leben, kam diese Lösung schließlich auch zustande. Berthold berichtet:

> »Angela hatte durch die Scheidung ihr Verhalten sehr stark verändert: Als sie noch bei Claudia wohnte, zog sie durch die Kaufhäuser und mopste, und dann kam die Polizei, und es gab Dresche, und das war so ein Teufelskreis, weil Claudia eigentlich auch hilflos war. Und für mich begann nach dem Umzug von Angela zu mir erst eine ganz grausame Zeit, wo ich merkte, ich machte mich total fertig, weil ich dachte, ich müßte alles auffangen, was vorher so passiert ist. Und so versuchte ich, Vater und Mutter und Onkel und Tante, alles auf einmal zu sein. Dann merkte ich nach einiger Zeit, Berthold, wenn du so weitermachst, dann liegst du bald auf der Nase.
>
> Dann habe ich mit meinen Freunden gesprochen: Angela ist verhaltensauffällig, ich habe gedacht, was

machste denn jetzt, Therapie und was weiß ich nicht alles, das war alles ganz schräg. Man kam nicht an sie heran, und immer hat sie sich wahnsinnige Sachen einfallen lassen, so habe ich's dann empfunden, um mich zu testen, um zu sehen, was ich mir gefallen lasse, ob ich sie auch wieder wegschicke. Und da bin ich manchmal rausgegangen und hab' nur geschluckt und ein paar Tränen abgedrückt und mir gesagt: Das darfst du nicht auch noch vor dem Kind machen, sonst merkt die deine Schwäche, das kann jetzt tödlich sein. Und irgendwann habe ich mich dann auch mal entschlossen in so einer Situation und hab ihr gesagt: Du, Angela, das ist mir scheißegal, wenn du jetzt gehen willst, ich merke, du willst mich damit erpressen, und es würde mir sehr weh tun, wenn du jetzt gehen würdest, aber ich lasse mich auf diese Spielereien nicht mehr ein. – Na, und dann gab es immer noch Situationen, wo sie sagte: Dann gehe ich halt zu meiner Mutter! – genau wie in tausend anderen geschiedenen Ehen auch; aber dann lief das irgendwann immmer besser. Aber ein einfaches Kind war Angela nie. Und heute find ich das eben ganz besonders toll, daß sie so eigenwillig ist, aber eine glatte, harmonische Erziehung war das nicht.«

Probleme gab es auch noch von anderer Seite: Bertholds Schwiegermutter, die ihren Einfluß auf Angela zu verlieren fürchtete, versuchte ihn eines Tages zu erpressen. Das Kind gehöre zur Mutter, argumentierte sie und drohte, wenn er Angela nicht wieder bei ihrer Mutter wohnen lasse, werde sie das Jugendamt über seine Homosexualität informieren. Glücklicherweise verhielt sich Claudia in dieser Situation ausgesprochen hilfreich: Sie rief ihre Mutter gleich an, als sie von der Sache erfuhr, und stellte sich voll auf die Seite von Berthold und Angela. »Wenn du das machst, bist du meine Mutter gewesen!« Daraufhin war das Thema erledigt.

Da das Verhältnis zwischen Vater und Tochter sich mit den Jahren stabilisiert hatte und zu einer guten Freundschaft geworden war, glaubte Berthold lange, er brauchte die Tatsache seiner Homosexualität vor Angela nicht eigens zu erwähnen.

Das aber war ein Fehler: Angela wurde erst von einer Freundin auf das Thema aufmerksam gemacht. Die folgenden Passagen aus dem Interview, das Wolfgang Jung mit Angela und Berthold geführt hat, verdeutlichen die sehr verschiedenen Sichtweisen von Vater und Tochter in diesem Punkt:

> WOLFGANG: Wann hast du zum ersten Mal bewußt registriert, daß dein Vater was mit Männern zu tun hat?
>
> ANGELA: Noch nie. Also, das hat er mir – er hat erst mit Freunden darüber geredet, ob er mir das sagen sollte, und dann mit anderen schwulen Vätern, und dann hat er's erst erzählt.
>
> BERTHOLD: Aber Angela, die ganze Zeit mit dem Dieter: Da muß doch was abgelaufen sein, du hast uns doch Bilder gemalt mit Herzchen, »Berthold und Dieter lieben sich«!
>
> ANGELA: Ich hab das nicht gemerkt! Das zwischen Dieter und Berthold habe ich eigentlich immer nur als große Freundschaft gesehen. Ich habe mir nie gedacht, daß mein Vater verkehrt rum sei oder so – so hab ich das damals gesehen.
>
> BERTHOLD: Aber wir haben uns doch in den Arm genommen und –
>
> ANGELA: Na, ich nehme auch eine Frau in den Arm! BERTHOLD: Nein, und wir haben uns auch geküßt – das hast du wahrscheinlich ignoriert, oder?
>
> ANGELA: Nein, ich hab das alles gesehen, aber ich hab trotzdem nie gedacht, daß mein Vater schwul ist. Und dann kam dieser sogenannte Tag, da hat er mich beiseite gezogen und hat mir alles gesagt, und für mich ist die Welt zusammengebrochen. Und ich habe ihm total Vorwürfe gemacht. Aber dann hab ich mich erstmal verzogen und habe über alles nachgedacht, und dann hab ich mich damit abgefunden.
>
> WOLFGANG: War das schlimm für dich? Weil du sagst, du hast dich damit abgefunden?
>
> ANGELA: Schlimm war es eigentlich nicht mehr, denn in meiner Klasse sind noch zwei Mädchen, deren Eltern schwul sind, und mit denen habe ich mich erst-

mal zusammengesetzt und geredet. Und die haben gesagt, man soll ihn einfach so sehen, wie er ist und so bleiben, wie man ist, und dann könnte das eigentlich ganz glatt über die Bühne gehen.

BERTHOLD: Aber ich habe das noch ganz anders erfahren, weil mich die Mutter einer Freundin von dir angesprochen hat. Sie hat mit ihrer Freundin darüber diskutiert, daß ich schwul bin, und Angela hat gesagt, ich weiß das ja auch, aber er soll mir das richtig sagen und nicht immer so drumherum reden mit »ich hab den Dieter lieb« oder was weiß ich, was er sich einfallen läßt – er soll ganz klar sagen: du, ich bin schwul, und ich liebe Männer, und es ist eben so und gut. Und die Mutter ihrer Freundin hat mir eben gesagt, daß diese Diskussion bei ihr zu Hause lief. Aber ich hatte eben Angst. So nach dem Motto, Gott, wenn das Kind das erfährt, dann verändert sich was. Davor habe ich mich immer gedrückt, das muß ich sagen.

WOLFGANG (zu Angela): Das heißt, das Thema hat dich schon beschäftigt, bevor er dir darüber etwas gesagt hat.

ANGELA: Ja. Also, Brigitte, meine Ex-Freundin, hat immer so Andeutungen gemacht, und ich hab das immer von mir gewiesen: Nein, er ist nicht schwul, wird er nie sein, und Brigitte meinte immer, doch. Ich weiß auch nicht, wie die das gemerkt hat. Damit hat sie mich andauernd nur so belabert, bis ich irgendwann gesagt habe, ja, ja, ja, als ob ich es mir hätte einreden lassen.

WOLFGANG: Wie hast du dich gefühlt in der Zeit, wo sie dir das andauernd gesagt hat und er nie rausgerückt ist damit?

ANGELA: Irgendwo wollte ich's nicht wahrhaben, weil er es mir nicht selber gesagt hat, und Brigitte habe ich schon geglaubt, aber dann auch wieder nicht. Weil ich auch immer gedacht habe: Sie hat ja keine Eltern, die schwul oder lesbisch sind, also kann sie es auch nicht wissen. Da habe ich mir gedacht, dann soll er's mir doch sagen.

WOLFGANG: Wie alt warst du da?

BERTHOLD: Das ist noch gar nicht so lange her, vielleicht drei Jahre, da war sie 14. Und da gab es dann Situationen, da fand ich die Angela super. Nämlich ich bekam solche Gespräche mit, wenn irgendwelche Klassenkameraden etwas sagten, irgend so einen blöden Quatsch über Schwule, so Halbwissen, dann fuhr die Angela dazwischen und sagte etwa: Ihr labert vielleicht ein Zeug zusammen, ihr habt ja überhaupt keine Ahnung! Und die anderen dann: Woher weißt du das denn? Und dann hat sie tatsächlich gesagt: Ich weiß das, mein Vater ist nämlich schwul. Oh! habe ich dann immer gedacht, jetzt ist sie auch noch richtig kämpferisch und verteidigt dich. Dann wird das wohl auch recht bald jeder wissen, aber da hatte ich auch schon mein Bewußtsein und habe mir gesagt, das ist mir egal, ich kann mich da vertreten.

Ihr Verhältnis zu Dieter war auch so ein Glücksfall. Das ist so ein ganz seltenes Exemplar Mensch, der natürlich auch Schwierigkeiten hatte mit dieser Situation, aber er fand es auch ganz spannend. Der ist aber vielleicht auch etwas beweglicher als andere, er ist Lehrer und hat eben da auch mit Kindern zu tun. Und die beiden (zu Angela): Ja, das war auch so eine schwankende Sache, nicht? Mit euch war es so, daß ihr beide euch gegen mich verbündet habt, und manchmal haben sie einander behakt, aber ich habe immer das Gefühl gehabt, das war nicht alles so seicht und war nicht alles so angenehm, sondern irgendwie war immer Bewegung in dieser Konstellation, und das fanden wir eigentlich alle recht aufregend.

Sie wohnten aber nie zu dritt zusammen, sondern jeder behielt seinen Eigenbereich. Das hinderte sie nicht daran, ihre Freizeit fast vollständig miteinander zu verbringen. Allerdings blieb es Angela nicht erspart, Bertholds Trennungsschmerz mitzuleiden, als das Verhältnis schließlich auseinanderging.

ANGELA: Berthold hat mir damals gesagt, er sei krank, aber das war keine Krankheit mit Fieber oder so, sondern mehr psychisch. Und dann hat der Dieter ab und zu angerufen, und ich hatte immer das Gefühl, daß er Berthold unheimlich tyrannisiert. Berthold war an solchen Tagen immer fix und fertig, dann konnte ich ihn gar nicht mehr anreden, denn er hat dann immer so eine schlechte Laune gehabt. Dann gab's auch eine ganz schlimme Zeit, da hat er oft gesagt: Na, nächstes Jahr lebe ich nicht mehr. Und ich wußte dann gar nicht mehr, was ich machen sollte, und ich hab gemerkt, daß Berthold gar nicht weiß, wie sehr er mich damit belastet.

Einmal war ich bei einer Bekannten, die unter uns wohnt, und hab ihr das alles erzählt. Berthold lag hier oben auf seinem Bett. Und dann habe ich einen Schrei gehört, und das war eigentlich von der Straße, aber ich hab gedacht, das ist Berthold, der sich von oben rausgestürzt hat. Ich hab am ganzen Leib gezittert. Dann ist unsere Nachbarin hochgegangen und hat ihm erstmal den Kopf gewaschen, und ich kam dann auch und hatte ein ungutes Gefühl, daß ich ihr das erzählt hatte. Weil ich aus Versehen, ganz aus Versehen auf sein Testament gestoßen bin – ja, das ist alles so zusammengekommen. Und da stand auch noch drunter, wenn du mir einen Gefallen tun willst, richte dem Dieter aus, daß ich nur für ihn gelebt habe. Das werd ich ihm ganz bestimmt nicht sagen, auch wenn er sich –

BERTHOLD: Nein, ganz so war das nicht, sondern: daß ich ihn immer geliebt habe und lieben werde – das war für mich überhaupt eines meiner stärksten Erlebnisse.

ANGELA: Es ist noch jetzt so, wenn jemand anruft und sich mit »Dieter« meldet – ich meine, es gibt ja mehrere Dieters, aber ich braucht nur den Namen zu hören, dann denke ich, es ist *der* Dieter, da will ich ihn immer schon am Apparat haben und ihm erzählen, daß er den Berthold endlich in Ruhe lassen soll!

SCHWULE FREUNDE

Viele schwule Väter beklagen sich, daß sie keine Freunde finden, die mit ihnen auf Dauer das Leben teilen wollen. In der Tat haben sich potentielle Partner mit vielen ungewöhnlichen Problemen ihres Freundes herumzuschlagen: Solange dieser noch in der Familiensituation steckt, müssen sie oft genug die Rolle des Trösters für die täglichen Frustrationen einer Situation übernehmen, die sie nicht aus eigener Anschauung kennen oder in ihrem bisherigen Leben bewußt zu vermeiden gesucht haben. Oft ist ihnen daher der Einblick in die Probleme verwehrt, mit denen schwule Ehemänner zu kämpfen haben; und ein Prozeß von Klärung und Entscheidung, der sich vielleicht über Jahre hinzieht, läßt sie mit der Zeit an der Fähigkeit ihres Partners zweifeln, eine klare Linie zu finden. Oder aber sie versuchen sich in die Familie zu integrieren, und es geht ihnen wie dem Freund von Bastian: Als der Bastians Frau einmal kennengelernt hatte, konnte er es nicht über sich bringen, sie durch die Infragestellung ihrer Ehe zu verletzen.

Natürlich hat es derjenige schwule Vater am einfachsten, dessen Kinder nicht bei ihm wohnen, sondern der sie nur gelegentlich sieht. Diejenigen aber, die ihre Kinder allein erziehen – und das sind gar nicht mal so wenige – müssen sich zwischen Kindern und Liebhaber teilen. Wir sahen bereits im vorigen Kapitel, daß so etwas funktionieren kann; aber es ist nicht selbstverständlich. Die Situation ist auf jeden Fall verschieden von der einer geschiedenen Frau oder eines geschiedenen Mannes mit Kindern, die wieder eine Hetero-Beziehung eingehen. Daß zu einer Ehe Kinder gehören oder zumindest nichts Ungewöhnliches sind, wird allgemein erwartet; eine schwule Beziehung mit Kindern in Verbindung zu bringen, ruft dagegen zunächst einmal eher Kopfschütteln hervor. Mir kommt dieser Sachverhalt jedesmal deutlich zu Bewußtsein, wenn ich in eine schwule Kneipe gehe: Die Probleme und Freuden, die mich am intensivsten beschäftigen und mir gewissermaßen auf der Zunge liegen, haben mit meiner Ehefrau und meiner Tochter zu tun; aber würde ich davon zu reden anfangen, könnte ich die Tür gleich wieder von außen zumachen.

Die Priorität eines alleinerziehenden Vaters liegt bei den Kindern; damit haben sich seine Liebhaber abzufinden. Bei ihm kommt ja noch die öffentliche Meinung hinzu, daß eigentlich nur Frauen Kinder großziehen könnten. Also muß er sich besondere Mühe geben, um die in ihn gesetzten Erwartungen zu erfüllen. Das dürfte ein Punkt sein, in dem lesbische Mütter es einmal einfacher haben als schwule Väter.

Ein Mann, der sich in einen schwulen Vater verliebt, geht außerdem das Risiko ein, es wie bei einer Hetero-Beziehung mit einer ganzen Verwandtschaft zu tun zu bekommen, denn zu den Kindern gehören außer ihrer Mutter möglicherweise auch noch Großeltern und sonstige Verwandte, die ihren Platz beanspruchen. Wer mit einem schwulen Vater anbändelt, muß also viel Kompromißfähigkeit und Kontaktfreudigkeit aufbringen. Aus der Konkurrenz zu den Kindern kann dann aber auch bald ein fröhliches Miteinander werden, sobald die Anfangsschwierigkeiten überwunden sind.

Im folgenden ein Gespräch, das ich mit einigen schwulen Vätern in München führte; einer von ihnen, Hans, hatte auf meine Bitte auch noch seinen Freund Michael eingeladen, mit dem er nach seinem Coming Out eine erste längerfristige Beziehung aufzubauen versucht hatte – damals noch in der Absicht, diese in das Zusammenleben mit Frau und Kindern zu integrieren.

Michael

Michael war als Pädagoge im kirchlichen Dienst bereits viel mit Kindern in Berührung. Er befreundete sich auch schnell mit den Kindern seines Freundes Hans, Irene und Barbara, die damals noch klein waren. Hans war noch voller Sorge, wie er denn die Beziehungen zu den Kindern, seiner Frau und seinem Freund miteinander vereinbaren könne. Dieses Netzwerk von Beziehungen funktionierte rund ein Jahr lang und scheiterte dann aus ganz anderen Gründen als den Kindern.

Hans wohnte damals noch mit Erika zusammen, und diese merkte, daß sich die Situation entspannte, wenn Hans einen festen Freund hatte, und dadurch etwas Stabilität in sein Leben kam. In der ersten Zeit nach seinem Coming Out hatte er nämlich viele verschiedene Kontakte gehabt, war viel in der schwulen Szene gewesen und für Frau und Kinder fast gar nicht mehr ansprechbar. Erika, die Michael sympathisch fand, hatte daher nichts dagegen, wenn er zu Besuch kam und mit Hans schlief; sie wollte nur nicht mehr, daß Hans über Nacht ganz wegblieb. Ihre Gefühle bei diesem Arrangement werden wohl denen von Heide, Jans Frau, ähnlich gewesen sein.

Michael hatte eine Stelle als Religionslehrer und mußte manchmal erst später in die Schule. Am Morgen blieb er daher bei den Kindern und spielte mit ihnen, bis sie in den Kindergarten gingen. So hatte er regelmäßigen Kontakt mit ihnen. Michael berichtet, daß er auch mit Hans, Erika und den zwei Mädchen Spaziergänge unternahm und auf Spielplätzen herumtollte. Eine Attraktion für Irene und Barbara war auch Michaels Musik: Er spielt Gitarre, das kann sonst niemand in der Familie.

Jeder, der mit Kindern zu tun hat, weiß, daß man als Spielkamerad von Kindern auch für sich und die Kinder Grenzen setzen muß. Michael gesteht sich heute, darauf nicht immer geachtet zu haben. So kam dann auch manchmal das Gefühl der Überforderung auf. Die Kinder wurden ihm lästig. Übrigens war Hans recht erstaunt, als Michael das äußerte. Aus dem von viel Lachen und Aha-Rufen unterbrochenen Gespräch hier einige Ausschnitte.

> MICHAEL: Ich kam vor einigen Jahren nach München, kannte niemanden und bin dann in die HuK (Arbeitskreis Homosexualität und Kirche) gegangen. Bei einer Veranstaltung habe ich Hans kennengelernt und gleichzeitig Erika, die ihn abholte. Ich wurde nach Hause eingeladen, und ich hörte, daß Hans mit Erika verheiratet ist, was mir zunächst überhaupt kein Pro-

blem war. Ja, ich fand das eigentlich ganz passend, denn ich war noch sehr zurückhaltend, sehr schüchtern, wollte mich noch nicht einlassen auf eine Beziehung, und daher deute ich das im Nachhinein so: Mein Eindruck war, Hans ist verheiratet, also bereits in einer Beziehung drin, also ist es ungefährlich, wenn ich mich darauf einlasse. Das stellte sich zwar nachher als Trugschluß raus, (Heiterkeit im Kreis) aber wenn ich ehrlich bin, muß ich das im Nachhinein so sagen. Dazu noch die Kinder: Ich mag Kinder sehr, und so fand ich die Beziehung ganz toll.

HANS: Erika hat gemerkt, daß es in die Ehe und in die Familie ausgestrahlt hat, wenn Michaels und meine Beziehung funktioniert hat und ich mich wohlgefühlt hab mit ihm. Ich war dann ausgeglichen, gut zu haben, Erika hat gewußt, ich bin zwei-, drei-, manchmal viermal in der Woche mit Michael zusammen. Das hat sie hingenommen, weil sie gewußt hat, wenn ich nach Hause komme oder wenn ich daheim bin, bin ich wieder harmonisch in der Familie drin. Und in dem Maße, wie es zwischen Michael und mir gekriselt hat, hat es auch in der Familie gekriselt. Insofern war Erika teilweise daran interessiert zu sagen, Mensch, schau, daß du mit dem wieder klar kommst, weil sie gemerkt hat, daß dann auch die Familie wieder besser funktioniert. Ich denke, daß das eine wesentliche Motivation war, weil sie gemerkt hat, ich flippe nicht mehr so viel rum in der Weltgeschichte, sie hat gewußt, ich bin an einem festen Ort, oder es ist jemand, den sie auch kennt und den sie mag. Weil der mir auch wieder innere Stabilität und Zuneigung und Sex und alles gibt, was ich in der Ehe nur teilweise finde, hat sie gemerkt, daß ich dann besser zu haben bin. Und nachher ist Erika mit mir vollkommen ins Schleudern gekommen, als ich mit Michael ins Schleudern gekommen bin. Da hab ich den ganzen Frust, die Aggressionen, die Enttäuschungen, die Trauer, alles in die Familie getragen. Das war übrigens der Punkt, wo Erika gesagt hat, also so geht's nicht weiter.

MICHAEL: Es war so, daß Erika am Anfang ihre

Angst äußerte: Wenn du abends nicht mehr nach Hause kommst, ist die Beziehung noch mehr gefährdet. Ich habe damals versucht, die Erika zu verstehen, denn ich hatte schon den Eindruck, in ihre Beziehung zu Hans einzubrechen. Ja, ich kann nicht leugnen, daß in meinem Hinterkopf die christliche Morallehre dahinter schwebte – Ehebruch! Also, das ist für mich nicht mehr so ein Problem, aber das, was dahinter steht, möchte ich schon ernst nehmen, nämlich daß da ein Mensch ist, der eine Beziehung hat, in die ich einbreche, daß da schon Güter und Werte sind, die ich nicht einfach zerstören darf. Erika hat mich zwar akzeptiert, aber sie wollte Hans auch halten. Und für sie war diese Beziehung sehr wichtig. Nach außen ging sie sehr liberal damit um, sie sagte immer, ich hab nichts dagegen, ich finde das ganz toll, seit Hans sein Coming Out hatte, ist unsere Beziehung gewachsen und intensiver geworden. Das glaub ich auch, aber ich denke, es war schon ein Problem, daß da auf einmal ein anderer Mann war. Ich fühlte mich doch als Konkurrent, ich weiß aber auch, daß Erika gesagt hat, daß ihr diese Situation trotz allem lieber ist als das unstete Leben zu Beginn des Coming Out von Hans.

Im Umgang mit den Kindern spielte mein Beruf schon eine Rolle, zum Schaden von Hans. Ich gestehe, oft habe ich pädagogische Maßnahmen von Hans kritisiert, teils zu Recht, teils zu Unrecht, teilweise hätte ich einfach die Schnauze halten sollen. GERD: Wie, du hast dich in die Erziehung der Kinder eingemischt und dem Hans was gesagt zum Thema – ?

FRITZ: Familientherapie... (allgemeines Gelächter)

HANS: Das war dann bei uns ein Problem, weil er sich so viel Gedanken gemacht hat, daß ich gedacht habe, verdammt noch mal, ich kann überhaupt nichts machen bei den Kindern, ohne daß er etwas dazu zu sagen hat. Und zwar meistens was Negatives! Er hat nie gesagt: Hans, das hast du gut gemacht mit deinen Kindern! Er hat immer kritisiert! (Heiterkeit)

MICHAEL: Ich muß sagen, ich hab mich manchmal mit den Kindern identifiziert, hab mitgelitten. Also z. B.

wenn Irene ihren Machtkampf spielte mit ihm, da war ich ständig dabei, daß sie den gewinnt, und ich habe mich gefreut, wenn sie gewonnen hat. Weil ich einfach dachte im Moment, so ein ekelhafter Vater! (verstärkte Heiterkeit) Zum Beispiel, wenn sie nicht essen wollte, und er hatte seinen Streß, dann kriegte sie den Streß ab, und er belästigte sie mit unnützen Anweisungen: »Iß jetzt richtig, setz dich anständig hin!« – wie meine Eltern das gemacht haben. Da hab ich einen Haß – ich merke, ich habe auch wirklich dann meinen Vater bei dir geprügelt. Und wenn er diese Klischees drauf hatte, dann hab ich auch manchmal gesagt: Jetzt laß endlich die Kinder in Ruh. – Da kommt dann so eine formale Regel, die ist zwar richtig: Vor den Kindern sagt man so was nicht – aber in der Praxis lief es eben anders.

HANS: Ich hab ihm immer wieder gesagt: Erzähl mir das hinternach, denn bei Irene hab ich den Triumph gespürt: »Jetzt hat er's dir wieder gegeben.« Das hat sie zwar nie so formuliert, aber man hat's an ihrem Verhalten gemerkt, wenn sie mich so angeschaut hat, so triumphierend, ätsch, Michael steht auch auf meiner Seite! Das hat ein paar Monate gedauert, bis wir das so hingekriegt haben, daß wir dann nachher darüber geredet haben. Es hat mich unheimlich gefuchst, wenn er meine Autorität untergraben hat.

GERD (ironisch): Und das ist ja ganz schlimm, ja!

HANS (lacht): Richtig, das konnte ich nicht brauchen!

MICHAEL: Obwohl ich das unbewußt sicher auch wollte. Ich wollte, daß die Kinder gewinnen, weil ich gewinnen wollte. Weil ich mich wirklich stark mit den Kindern identifizierte. Wenn meine Eltern Knies miteinander hatten, kriegten wir das ab. Wenn Hans und ich Knies miteinander haben, kriegen deine Kinder das ab.

HANS: Wobei der Knies sich aber oft dadurch vergrößert hat, daß du entsprechend eingegriffen hast. – Es hat Situationen gegeben, wo ich mit der Faust auf den Tisch gehauen habe und gesagt habe, das ist jetzt egal, was Michael gesagt hat, ich bin euer Papi, und

AIDS

Die erworbene Immunschwäche AIDS wurde bei fast allen Interviews angesprochen, die diesem Buch zugrunde liegen. Trotzdem hatten wir – Peter Traut und ich – große Probleme mit der Frage, ob wir dieses Thema überhaupt in diesem Rahmen behandeln sollen. Wir fragten uns, ob wir der Sache dienen können, wenn wir der immer noch steigenden Flut von Veröffentlichungen einen weiteren Beitrag hinzufügen, oder ob es nicht besser wäre, dieses problematische und längst nicht abgeschlossene Thema mit Schweigen zu übergehen.

Doch stellte sich in unseren Diskussionen auch heraus: AIDS betrifft uns existentiell, und wir können uns um eine Stellungsnahme nicht herumdrücken. AIDS bedroht alles, was wir als Bürger und als Schwule an Freiheitsrechten besitzen, und daher müssen wir uns äußern, so unvollkommen oder vorläufig diese Äußerung auch sein mag.

AIDS hat in der Hauptsache zwei Dimensionen: Zunächst einmal ist es eine Krankheit, gegen die die Medizin bislang noch kein Heilmittel kennt und die außerdem meist tödlich endet. Die Angst vor dem Sterben bedroht damit nicht nur diejenigen, die als HIV-positiv diagnostiziert sind (ob die Krankheit überhaupt ausbricht und wann, kann ihnen niemand sagen), sondern alle Angehörigen der sog. »Risikogruppen«: Bluter, Fixer, Schwule, Prostituierte.

Und damit beginnt die zweite Dimension von AIDS, die sozialpsychologische. AIDS droht zum Vehikel für angestaute Ängste und Sündenbockphantasien zu werden – Ängste vor den »Abnormalen«, Ängste vor der Apokalypse. Und unter dem Vorwand von AIDS machen sich zumindest Teile des Staates daran, alle möglichen Freiheitsrechte zu beschneiden.

Es ist nur zu bezeichnend, daß (ausgenommen die Bluter, die dann umso mehr des allgemeinen Mitleids sicher sein können) ausgerechnet solche Kreise zu den »Risikogruppen«

gezählt werden, die ohnehin permanent von gesellschaftlicher Ächtung und Kriminalisierung bedroht sind, aber nicht etwa (um nur wenige Beispiele zu nennen) die »Freier« in Freudenhäusern oder Sex-Touristen, die mit den »Tripper-Clippern« aus Südostasien zurückkommen. Die Besorgnisse von Chirurgen, Zahnärzten oder Krankenhauspersonal äußern sich immer wieder in überzogenen Maßnahmen, die AIDS-Patienten oder Angehörige der genannten »Risikogruppen« diskriminieren, ohne daß die genannten Berufe damit selbst als »Risikogruppe« erscheinen.

Damit kompliziert sich noch einmal die Situation gerade von schwulen Vätern (lesbische Mütter scheinen zunächst nicht unmittelbar betroffen, nur mittelbar über die gesellschaftliche Ächtung, die keinen großen Unterschied macht). Wenn sie sich ihrer Neigung zum eigenen Geschlecht bewußt werden, droht AIDS. Die Gefahr, sich anzustecken, muß unbefangenen Kontakt erschweren, und zusätzlich droht die Ächtung am Arbeitsplatz, in der Öffentlichkeit und in der Familie als mögliche Virusträger. Noch mehr: Schwule Ehemänner, überhaupt Bisexuelle, riskieren es, geradezu als das Glied in der Kette zu erscheinen, das die Krankheit aus dem schwulen Ghetto in die heterosexuelle Umwelt überträgt. Als ob es nicht genügend andere, Heteros, gäbe, die dem Virus diesen Weg öffnen. Der Unterschied ist, daß die einen heimlich bleiben oder ihre Öffentlichkeit allenfalls am Biertisch suchen, während die anderen die herrschende Doppelmoral nicht mehr aushalten und endlich ehrlich zu sich selbst und anderen sein wollen. Für solche, die erst in jüngster Zeit vor dem Coming Out stehen, ist die Lage schwieriger als für die Älteren, die schon vor AIDS an selbstbewußtes Auftreten als Homosexuelle gewohnt waren: Während sie sich allenfalls wieder verkriechen, aber die Tatsache ihres Schwulseins kaum aus ihrem Bewußtsein und Selbstgefühl streichen können, stehen Jüngere vor der Frage, ob sie den Gedanken, homosexuell zu sein, überhaupt an sich heranlassen können.

Ulrich Marcus, schwuler Arzt und für das Bundesgesundheitsamt tätig, berichtet folgendermaßen über seine Erfahrungen in seiner Beratungstätigkeit: »Über ein paar Ecken höre ich von Leuten, die mein Auftreten in der Beratungsstelle zu lasch finden. (...) Die Ursache für meine »Nachsichtigkeit« ist, daß ich mir über die Möglichkeit bewußt bin, jederzeit selber getroffen zu werden. Ich kann daher guten Gewissens nichts von jenen verlangen, wozu ich selbst nicht in der Lage wäre. Aber dieser Drahtseilakt zwischen der abzulehnenden bewußten Gefährdung anderer und dem möglichst geringen Verzicht auf Glück und Befriedigung ist nicht in knappe, feste Verhaltensregeln zu fassen. Jeder Versuch, dies dennoch zu tun, wie beispielsweise die Safer Sex-Kampagne oder Überlegungen über die Anwendung oder Neuschaffung von Gesetzen, führt zu einer Beschränkung der persönlichen Freiheit, die in aller Regel das notwendige Maß überschreiten muß.« (Frings, S. 89)

Solchen Beschränkungen unterziehen sich die Schwulen schon weithin freiwillig, und zwar in einem Maße, das den Zusammenbruch ihres Selbstbewußtseins nur zu klar offenbart. »Es ist wahr, wir sind in der Vergangenheit zu weit gegangen«, heißt es. »Unsere Sexualität hat die Funktion einer Droge, ja zwanghaften Charakter angenommen. Der anonyme Sex in Klappen, Saunen und Dunkelräumen – das alles hatte mit Befreiung nichts mehr zu tun. Wir sollten uns zurückhalten, bis die öffentliche Aufmerksamkeit sich anderen Dingen zugewandt hat, und uns nicht auch noch in den Vordergrund spielen.« An solchen Überlegungen, an solcher Selbstkritik mag manches richtig sein, doch gefährlich ist jede Folgerung, die auf Unsichtbarkeit, auf Rückzug aus der Öffentlichkeit zielt.

Im Gegenteil wäre es notwendig, daß die Schwulen wach und öffentlich sind wie nie zuvor. Ansätze dazu gibt es ja, etwa den Zusammenschluß »Wehrt euch« in Bayern. Solche Ansätze stellen auch die zahlreichen AIDS-Hilfen dar.

Vom Beispiel der Schwulen aus den Vereinigten Staaten können wir da noch viel lernen (vgl. Lon Nungesser: Der Wille zu leben). An unserer Solidarität mit den »Positiven« und AIDS-Kranken wird sich erst erweisen, ob wir der Heuchelei der ganzen Gesellschaft standzuhalten vermögen.

Wilfried S., schwuler Vater, Soziologe und Mitglied der AIDS-Hilfe Berlin, äußerte zu diesem Thema im Gespräch mit Wolfgang Jung folgendes:

»Damals hat mir speziell bei Rosa von Praunheim in dieser ersten Angst und Hysterie, die ja gerade auch über die Art der Berichterstattung in den Medien erzeugt wurde, der Rückfall in alte Vorstellungen von monogamen Beziehungen nicht gefallen. Ich behaupte, wenn eine bestimmte Gruppe – und hier vor allem die Schwulen – in ihrer Erfahrung von subkulturellem Leben so lange schon die Promiskuität gelebt haben, dann ist das nicht von heute auf morgen durch irgendwelche rationalen Beschlüsse im Kopf zu verändern, sondern allenfalls über das Instrument der Therapie. Dabei würden aber alte Verdrängungsprozesse wieder aktiviert, die eigentlich genau aufgebrochen werden sollten. Ich denke, daß es einfach nicht mehr möglich ist, Bedürfnisse einfach zurückzuschrauben; und solche differenzierten Lebensentwürfe zurückzunehmen sehe ich überhaupt keinen Anlaß. Die Intention, die dahinter steht, ist nach wie vor lebendig, und ich würde mich auch dagegen wehren, daß überall jetzt mit einem moralischen Hammer wieder alte Werte mobilisiert werden sollen. Die knüpfen ja immer an Schuldgefühlen und Strafbedürfnis an und auch extrem an einem Projektionsmechanismus, wenn man das Verhältnis Schwule und Allgemeinbevölkerung betrachtet.

Aber für mich ist ein Vakuum entstanden, ich kann weder diese Gestaltung differenzierter Lebensentwürfe durch Experimentieren in der Beziehungssuche so weiterverfolgen, wie ich es gerne möchte, ich kann aber eben auch nicht den Rückfall in die graue Vorzeit vollziehen – etwa unter den Vorzeichen der Moral der 50er Jahre, in denen ich aufgewachsen bin.«

Wilfried erwähnt, daß es den Mitgliedern seiner jetzigen Wohngemeinschaft nicht anders geht, auch wenn das alles Heterosexuelle sind:

»Wir haben im Zusammenhang mit diesem Interview kurz darüber gesprochen: Es fehlt im Moment die Vorstellung einer Utopie. Die alte ist noch gar nicht genügend ausprobiert, da hat man die Erfahrung des

Scheiterns schon in den Knochen. Wir, da sage ich jetzt diejenigen, die so zwischen dreißig und vierzig sind. Und wir haben inhaltlich noch die Vorstellung, wir könnten noch mal anfangen, aber wir können ja nicht mehr dasselbe machen, von dem wir schon wissen, was alles daran nicht ging.«

In der Beziehung zu seiner Frau Petra war AIDS auch mit ein Faktor für die Loslösung von ihr:

»Mit der Bedrohung durch AIDS kam in unsere Auseinandersetzung, in den Trennungsprozeß, noch mal eine Erfahrung hinein, die ganz neu war: nämlich daß ich mir über andere, vor allem über Männer in der schwulen Sub, Infektionen einfangen könnte, die unmittelbar Petra tangieren, und zwar so weitgehend, daß ich das nicht mehr hätte verantworten können. Die Vorstellung, sie infiziert zu haben, wäre mir unerträglich. Wir haben darüber eine Auseinandersetzung gehabt, wie handhaben wir das jetzt, Safer Sex, Kondombenutzung. Wir haben uns darauf nicht eingelassen, beide nicht. Aber das fand ich interessant im nachhinein, daß das auch für sie ein Anlaß war, sich zu distanzieren. Eigentlich wollte sie nämlich ein zweites Kind von mir, und für mich wurde immer klarer, ich will das nicht. Dann hat sie an mich die Forderung gestellt: Such dir einen Freund und bleib mit dem zusammen, dann ist es möglich, daß wir auch weiterhin zusammen schlafen. Aber irgendwie muß sichergestellt sein, daß ich mich nicht infizieren kann und daß unsere Tochter etwa sich nicht auch noch infiziert. Und da habe ich dahingehend entschieden, daß ich gesagt habe, dann schlafen wir beide nicht mehr miteinander. Denn sonst hätte ich alle Prozesse, die bis dahin bei mir so gelaufen waren, wieder zurückschrauben müssen, das war nicht möglich, mit ihr jedenfalls nicht. Und von da an haben sich auch unsere sexuellen Beziehungen getrennt. Ich war dann mit Männern zusammen, die auf Safer Sex bestanden haben, was mir sehr schwer gefallen ist, zu akzeptieren, zu lernen.«

INTEGRATION

Lassen sich Homosexualität und das Verhältnis zu einem Menschen des anderen Geschlechtes und läßt sich beides mit Kindern zusammen leben? Die Frage ist so leicht gestellt wie schwer beantwortet. Alle Schicksale, die wir in den vergangenen Kapiteln betrachtet haben, legen Zeugnis ab von diesem Bemühen; und in jedem wird eine andere Dimension des Scheiterns deutlich. Aber es wäre ungerecht, wollten wir nicht auch das zumindest teilweise Gelingen betonen. Eines ist klar: Damit ein Miteinander von Homo- und Heterosexualität im Alltag gelingt, braucht es Menschen, die eine ganz ungewöhnliche Flexibilität aufweisen; die sich weder von den Belastungen ihrer eigenen Psyche noch von den Vorurteilen ihrer Umgebung allzusehr beeinflussen lassen und außerdem in der Lage sind, selbst neue soziale Räume zu schaffen oder an sich zu ziehen, in denen alle Beteiligten zu ihrem Recht kommen.

Die überwiegende Anzahl der befragten Männer bezeichnete sich übrigens eindeutig als schwul; nach ihrem Coming Out gab es für sie auch von ihrer Emotionalität her kein Zurück mehr. Doch bemühen sich alle als Schwule um die Integration mit Frau und Kindern, und selbst Wilfried S., der für sich noch am stärksten den Zwang zur Entscheidung in der einen oder anderen Richtung zurückweist, äußerte, Bisexualität halte er für eigentlich nicht lebbar.

Immerhin habe ich einen Text von einem Arzt aus Hamburg bekommen, der eine solche Situation beschreibt: Ein schwuler Vater, zwischen zwei Männern und zwei Frauen pendelnd, versucht, sie alle in seinem Terminkalender unterzubringen. Das Baby im Korb wacht gerade zum richtigen Moment wieder auf, als die zwei (egal wer) miteinander fertig sind – und dennoch, na klar: alles nicht ohne Gewissensstreß, alles nicht ohne Enttäuschungen.

So etwas kann nach meinen Beobachtungen nur für kurze

Zeit gutgehen: leider, eigentlich. Im Grunde wissen wir nur sehr wenig über die Mechanismen, die dieses Scheitern bewirken, schon deshalb, weil die Anzahl der beeinflussenden Faktoren so groß ist. Ich will mich daher mit einer Aufzählung einiger Haupt-Deutungsversuche begnügen, von denen ich einmal drei zur Auswahl stelle:

1. Der Mensch ist im Grunde auf Monogamie angelegt, daher ist es verfehlt, gleichzeitig sexuelle Beziehungen zu mehreren Partnern anzustreben.

2. Das Ideal von Beziehungen mehrerer Personen gleichzeitig miteinander ist zwar erstrebenswert, wird aber durch alle möglichen Unterdrückungsmechanismen immer wieder behindert.

3. Schuld an der unbefriedigenden Situation ist immer wieder die soziale und psychische Rolle der beteiligten Männer, die in der Gesellschaft sowieso in der stärkeren Position sind und es nicht ertragen können, wenn die Frauen auch einmal zu ihrem Recht kommen wollen. Schwule sind somit nicht anders als andere Männer auch; ihr Streben nach mehreren Beziehungen gleichzeitig ist im Grunde ein Fliehen vor Verbindlichkeit.

Die erste Position wird von sehr vielen Gruppen und Individuen geteilt, vor allem natürlich von den Konservativen (Kirche, Parteien, ...), aber auch von zahlreichen Linken. Die Position 2, der ich selbst zuneige, datiert aus den Experimenten seit den Sechziger Jahren. Position 3 wiederum ist eine ziemlich grobe und vorläufige Umschreibung des Standpunktes mancher Feministinnen.

Es ist hier nicht möglich, diese verschiedenen Theorien ausführlich zu diskutieren, aber ich möchte doch einige pragmatische Hinweise geben. Ganz entscheidend für alle diese Beziehungsfragen scheint mir beispielsweise ein scheinbar so unbedeutender Aspekt wie die Art des Wohnens. Oft gehen uns die Vorstellungen für die Wichtigkeit solcher ganz kleiner, aber elementarer Verhältnisse ab. Ob jemand auf dem Land wohnt oder in der Stadt – das ist für uns ein Unterschied, den wir noch relativ leicht begreifen (aber nur über den Kopf, denn sonst würden nicht so viele Städter aufs Land ziehen und sich dann nach der Stadt zurücksehnen). Aber auch, wie wir uns innerhalb einer Wohnung, eines Hauses organisieren, das hat ganz enorme Auswirkungen auf unseren späteren Lebensstil. Meistens übernehmen wir nämlich da ungeprüft übliche Muster (wie die Teilung von Schlafzimmer, Wohn- und Eßzimmer), weil sie so selbstverständlich und praktisch erscheinen, und wundern uns, daß wir damit nachher nicht zurecht kommen.

In bezug auf Liebesbeziehungen scheint sich oft eine Trennung von Wohn- und Liebesverhältnis als ein gangbarer Kompromiß herauszustellen. Leute, die sich lieben, sollten es also einmal bewußt ausprobieren, nicht zusammenzuziehen. Im Bewußtsein, daß, wenn sie es tun, sie sich allen Gefahren aussetzen, die sie etwa von der Generation ihrer Eltern her kennen: allzuschnell Gewöhnungs- und Verschleißerscheinungen, Eifersucht und vieles Häßliche mehr.

Ist das Scheitern unvermeidlich? – Wilfried

Wilfried, der im vorigen Kapitel bereits zitiert wurde, berichtet, daß er sich lange Jahre nicht entscheiden wollte, ob er nun in die schwule oder in die Hetero-Schublade gehörte. Rückblickend auf seine Aktivität in der Schwulenbewegung in Berlin berichtet er, daß er mit Petra an eine Frau geraten war, die ihn gerade in dieser Zwischenposition zwischen Schwul und Hetero brauchte.

> »Im Unterschied zu anderen Frauen hat sie sich mit meiner Homosexualität erstaunlich lange auseinandergesetzt. Das mag z. B. mit ihrer eigenen Entwicklung zu tun gehabt haben, das war ihr nicht fremd und für sie seinerzeit wohl auch ganz wichtig, daß sie mit einem schwulen Mann zusammen war.
>
> Ich hab damals gedacht, daß die emanzipatorische Perspektive von Homosexualität sich mehr entlang der »feministischen Fraktion«, des Feminismus vielleicht überhaupt entwickeln könnte (es gab bei den schwulen Aktivisten mehr oder weniger zwei »Fraktionen«: einmal die »Tuntenfraktion«, die dem Feminismus zuneig-

te, und dann die »Machofraktion«.) Emotional war ich aber klar orientiert auf das, was ich jetzt mehr der Machofraktion zuschreiben würde, die, die den Phallus vor sich her tragen. Und da war für mich die Frage, wie kann ich beide Seiten leben, wie kann ich das in mir vermitteln, so daß es nicht mehr so ein extremer Gegensatz ist. Die Vermittlung bestand für mich damals darin, daß ich mit einer Frau zusammen war, die mich nicht in die klassische Männerrolle hineingezwungen hat, die nicht von mir beschützt werden wollte, sondern die den Anspruch hatte, als eigenständiges Individuum neben mir und mit mir zu leben. Die auch den Anspruch hatte, mit Frauen sexuelle Beziehungen haben zu können.

Der Vermittlungsprozeß lief für mich eigentlich, als ich Vater wurde. Und zwar dadurch, daß ich eine Seite von mir zulassen konnte, aber auch mußte, gegen alle Verhärtungen, die anknüpfte an das, was ich vorher mit dem feministischen, mit dem weichen Mann assoziiert habe. Ich habe in meiner Beziehung zu meiner Tochter Clara zum ersten Mal kontinuierlich ein enges emotionales Verhältnis aufgebaut, und ich habe darüber Gefühle bei mir entdeckt, die ich sonst mit Erwachsenen nicht ausleben konnte. Spielerische Gefühle, Bedürfnisse nach Nähe, vielleicht auch – ich weiß nicht, ich bin manchmal zu schnell mit solchen Deutungen – ein bißchen Symbiose, Versöhnung der seinerzeit in meiner Kindheit zu Ende gegangenen Vertrautheit.

Petra ist ein Mensch, der ein sehr starkes Dominanzbedürfnis hat, und ich eigentlich auch. Es ging dann auch ein großer Kampf los im Bezug auf den Alltag. Ich war am Anfang Hausmann, und das hab' ich nicht durchgehalten, das war mir unerträglich, manchmal tagelang nur mit meinem Kind zu sein. So schön das war, umso unerträglicher wurde mir der Gedanke, herauszufallen etwa aus dem Arbeitsprozeß, keine Anerkennung zu kriegen außer der in der Familie.«

Wilfried und Petra lebten zunächst in einer Wohngemeinschaft mit anderen Erwachsenen zusammen, sahen sich aber nach einiger Zeit gezwungen, wegen des Kindes auszuziehen. Die übrigen Bewohner fanden die Tatsache, daß jetzt ein Kind zu ihnen stoßen sollte, anfangs zwar schön und abenteuerlich, wollten sich aber dann doch nicht verbindlich auf die Arbeit einlassen, die ein Kind für eine ganze Reihe von Jahren nun einmal bedeutet.

In der unbefriedigenden Situation als Hausmann fühlte sich Wilfried wenigstens etwas entlastet, als es ihm gelang, mit anderen Eltern zusammen einen Kinderladen aufzubauen, aber das war für ihn auf die Dauer noch immer kein Ersatz für bezahlte Arbeit.

> »Bei Petra hat sich seit der Zeit, als sie Mutter wurde, eine Veränderung abgespielt. Sie hat sich sehr stark auf Clara bezogen, hat darüber sozusagen eine neue Identität bezogen, das fand ich verrückt, daß das so wichtig werden kann. Und hat eigentlich weitgehend monogam gelebt.
>
> Es war irgendwann klar, daß wir uns noch nicht genügend verständigt hatten, wie das wirklich mit unseren emotionalen Bedürfnissen beschaffen ist. Als wir zu Anfang unserer Beziehung darüber redeten, hat sie gesagt, daß sie zu dem Zeitpunkt emotional vielfach auf Frauen spontaner reagiert hat als auf Männer und ihre Schwierigkeiten mit Männern hatte, mit mir aber weniger, weil ich für sie nicht den klassischen Mann repräsentiere. Zunächst. Je besser wir uns kennenlernten, desto öfter hörte ich, daß es eben ein sehr typisches männliches Verhalten sei, was ich an den Tag legte in Bezug auf Alltagsentscheidungen. Das machte sich, wie häufig, an ganz einfachen Sachen fest, wie Wäsche waschen, abwaschen, das Kind wickeln. Und sie hat dann eine Frau kennengelernt, die auch ein Kind hatte, und die ist hier mit eingezogen. Die zwei Frauen haben sich dann auf die Dauer gewissermaßen gegen mich verbündet, und so ist eine Dynamik entstanden, die ein zunehmendes Auseinanderfallen dieses erst so hoffnungsvollen Versuches bedeutete.«

Wilfried fand dann – da war Clara gerade fünf Jahre alt – in derselben Straße, gegenüber seiner Wohnung mit Petra, eine neue, und es wurde ausgemacht, daß Clara sowohl bei ihrer Mutter wie bei ihm sein konnte, wenn sie nicht im Kinderladen war. Wilfried bemerkt allerdings, daß er mit Clara inzwischen weniger zu tun hat als vorgesehen. Er führt das einmal darauf zurück, daß Petra sich nach seinem Auszug stark von ihm distanzierte. Aber inzwischen, sagt er, haben auch seine eigenen Lebensperspektiven ihn von seiner Tochter und ihrem Leben entfernt. Sie kommt ihn oft besuchen, und es besteht nach wie vor ein vertrautes und liebevolles Verhältnis zwischen ihnen, aber er ist für sie längst nicht mehr so präsent wie ihre Mutter.

Immerhin gab es in Berlin für Clara Möglichkeiten, die für sie notwendige Stabilität und Kontinuität von Beziehungen aufrechtzuerhalten:

> »Sie hat dann immer gesagt: Ja, der Gisela und der Maria, denen geht es ja noch viel schlechter, da ist der Vater in Westdeutschland; mir geht es ja gut, du wohnst ja gegenüber. Sie ist eben in einem Milieu aufgewachsen, wo Trennung etwas Alltägliches war, das war nichts Besonderes. Im Gegenteil, es war fast schon so, daß es in der Kreuzberger Szene bei bestimmten Leuten schon als komisch galt, wenn Paare länger als sechs Jahre zusammen waren, das galt als »etabliert«. Eine Trennung hatte immer noch das Flair von Bewegungsfähigkeit, von Flexibilität, von Motiviertsein, insofern war das erstmal in den Kreisen, in denen wir uns bewegt haben, gar nicht negativ.
>
> Clara hat sechs Jahre lang im Kinderladen ein- und denselben Erzieher gehabt, und es ist hier oft so, daß die Kinder, die in Berlin in diesem Milieu aufwachsen, vielfach mit anderen Personen, etwa einem Erzieher im Kinderladen, länger zusammen sind als mit den eigenen Eltern. Daher haben solche Bindungen natürlich unheimliche Bedeutung, oft die Bedeutung, die man sonst üblicherweise den leiblichen Eltern zuschreibt.«

Bei seiner Tochter Clara bemerkt Wilfried einerseits eine erstaunliche Wahrnehmungsfähigkeit für Konflikte, die er nicht ohne Stolz ein wenig mit dem Vorbild in Verbindung bringt, das ihre Eltern ihr gegeben haben, aber andererseits weiß er, daß sie ihre Probleme hat:

> »Diese Generation der Kinder, die jetzt so etwa 10 sind, wird in acht Jahren von Beziehungen sicher noch ganz andere Vorstellungen haben als wir. Sie werden uns wahrscheinlich die Leiden vorwerfen, die sie dadurch gehabt haben, daß sie ständig mit anderen Partnern der Eltern zu tun hatten. Das ist meine Befürchtung. Man kann jetzt psychologisch sagen, da meldet sich wieder sein Schuldgefühl; das weiß ich nicht so genau. Aber das könnte sein. Außerdem wird es ja so sein von der Perspektive dieser Generation meiner Tochter: Stichwort AIDS. Mag sein, man hat bis dahin ein Heilmittel. Aber in der Zeit, in der wir im Moment leben, in dieser gesamten politischen Situation, der Aufrüstung, Umweltverschmutzung und politischen Restauration, der Zentralisierung von Macht gegenüber der Freiheit, die wir in den 70er Jahren erlebt haben: das wird ja alles abnehmen und zurückgeschraubt werden, und diese Kinder werden andere Modelle entwickeln müssen als wir, und ich kann mir im Moment nicht vorstellen, welche das sein werden. Aber ich denke doch, die, die für uns galten, nämlich eine Beziehung nur so lange aufrechtzuerhalten, wie man die Liebe füreinander leben kann – was ja eine andere Bewertung ist als bei unserer Elterngeneration etwa, da hieß es lebenslange Verbindung, egal wie die Beziehung inhaltlich war – ich weiß nicht, was die sich einfallen lassen. Aber ich könnte mir vorstellen, und das höre ich schon aus den ersten kritischen Tönen dieser Kindergeneration heraus, daß es so was wohl auch nicht mehr sein wird. Und unter dem Stichwort AIDS ist es natürlich besonders schwierig, differenziertere Lebensentwürfe auch auf der Ebene der Gestaltung von Beziehungen zu leben, die sich im Spektrum vom Homo- und Heterosexualität bewegen.

Die Freuden des Landlebens – Peter

Peter lebt zusammen mit seinem 7jährigen Sohn Mikis in einem kleinen Dorf im Taunus in einer Wohngemeinschaft und erzieht seinen Sohn allein; von der Mutter des Kindes lebt er getrennt. In der Wohngemeinschaft leben außer den beiden noch Doris mit ihren beiden Kindern – auch alleinerziehend – sowie Jörg.

GERD: Wie kam es eigentlich dazu, daß ihr beiden euch kennengelernt habt und zusammengezogen seid?

DORIS: Ich habe Peter auf der Arbeit – in einer Sammelunterkunft für ausländische Flüchtlinge – wo er als Sozialarbeiter und ich als Sozialpädagogin arbeiteten, kennengelernt.

PETER: Mir ging es damals nicht so gut. Ich hatte bis zu diesem Zeitpunkt 1½ Jahre mit Mikis allein gewohnt. Ohne meine Eltern, ohne ein paar Freunde wäre es für mich nie möglich gewesen, Beruf und Kindbetreuung unter einen Hut zu bringen. Den Vormittag hat Mikis im Kindergarten verbracht, nachmittags war er dann bei meinen Eltern, bei meiner Schwägerin oder hat mit den Kindern von Freunden gespielt. Dieses Gefühl, auf andere – speziell auf meine Eltern – angewiesen zu sein, hat mir schwer zu schaffen gemacht. Vorausschikken muß ich vielleicht noch, daß ich zusammen mit Sabine, Mikis' Mutter, und Mikis 3 Jahre im Ausland gelebt habe. Am Ende stand unsere Trennung. Ich kehrte dann im Sommer 1984 mit Mikis nach Deutschland zurück. Für mich schien das damals alles eine einzige Katastrophe. Ich kam mir von Sabine im Stich gelassen vor, mich nervten die Fragen meiner Eltern, die Selbstverständlichkeit, mit der sie glaubten, mir Fragen über mein/unser Leben der vergangenen 3 Jahre stellen zu dürfen. Ihre dauernden Versuche, sich in mein und Mikis' Leben einzumischen. Die Abgrenzung ihnen gegenüber ist mir sehr schwer gefallen, weil ich ja gleichzeitig auf sie angewiesen war. Wahrscheinlich haben sie gedacht, ich bekäme als Alleinerziehender meinen Alltag nicht geregelt.

Es war auf jeden Fall klar, daß ich so nicht weiterleben wollte. Mikis' Einschulung stand bevor, ich mußte eine Entscheidung treffen. Hinzu kam, daß mir in dieser Zeit klar geworden ist, daß ich eindeutig auf Männer stehe. In der Zeit mit Sabine war das noch nicht so eindeutig. »Theoretisch«, wie Sabine immer sagte, wenn es darum ging. Diese Diskussionen gingen ihr zunehmend auf die Nerven, was ich im nachhinein gut verstehen kann. Praktisch konnte ich ja nichts vorweisen – da war ein fest verschraubter Deckel drauf. Ich habe lange gebraucht, bis ich unsere Trennung akzeptieren konnte, fühlte mich rausgeworfen, gedemütigt, habe mich lange Zeit an Versöhnung, ans Wieder-Zusammenleben mit ihr geklammert. Ich wollte nicht sehen, daß der Rest an Gemeinsamkeiten zwischen Sabine und mir schon lange aufgebraucht war. Unsere Beziehung war schon kaputt, lange bevor mir selbst klar war, daß ich schwul bin. Heute beginne ich die positiven Seiten unserer Trennung zu sehen. Ich habe dieses Vakuum, Freigesetzt-Werden gebraucht, um zu mir selbst zu kommen. Und in dem Punkt bin ich Sabine dankbar, daß sie den Mut und das Durchstehvermögen aufgebracht hat, zu sagen: Es ist aus, nichts geht mehr!

Ein einschneidendes Erlebnis in der Zeit des Alleinlebens mit Mikis war dann ein Wochenende mit einem alten Bekannten, von dem ich wußte, daß er schwul ist. Alles lief darauf hinaus, unsere Klamotten zu packen und leb' wohl zu sagen. Mit Leuten zusammenziehen, die auch Kinder hatten, die vor ähnlichen Problemen standen wie ich – das war so meine Vorstellung. Ich träumte vom Leben in einer Wohngemeinschaft. Meine ganze Studienzeit habe ich in Wohngemeinschaften zugebracht und habe es immer toll gefunden. Auf die Anzeigen, die ich aufgegeben hatte, kam keine Reaktion. Es tat sich nichts, bis ich dann Doris kennenlernte.

DORIS: Nun ja, ich wohnte mit meinen Kindern schon hier, gerade zog eine Mitbewohnerin aus und da kam mir der Gedanke, eigentlich könnten wir uns ideal ergänzen. So ist es gekommen, daß Peter und Mikis seit fast 1 ½ Jahren jetzt mit uns hier leben. Ach ja, da fällt mir noch eine Geschichte ein: Kurz vor Peters und Mikis' Einzug schossen mir ab und zu mal so Gedanken durch den Kopf: Mein Gott, was denkt der jetzt, oder: Was machst du, wenn der sich in dich verliebt? Da hatte ich total die Panik auf einmal, ich dachte, so ein Vater mit Kind, der sucht wahrscheinlich eine passende Mutter dazu, da hatte ich dann so Horrorvorstellungen (allgemeines Gelächter), und das hat sich dann gelöst an dem Abend, wo wir uns mit den »Gouvernanten« getroffen haben. Ich stand zu dem Zeitpunkt mit einer Freundin in Verhandlung, die die Kinderbetreuung nachmittags übernehmen wollte, und mit einer Nachbarin. Das waren insgesamt drei Frauen, die dann für die Kinder mehr oder weniger zuständig sein sollten. Und da haben wir uns abends getroffen, die drei »Gouvernanten« und wir Eltern – ich kannte die drei Frauen ja schon sehr lange und gut – und haben erstmal geschwätzt, wie wir das organisatorisch machen könnten und mit Bezahlung hin und her. Dann auf einmal sagte Peter: Jetzt muß ich euch noch reinen Wein einschenken. Da habe ich mir gedacht: Um Gottes willen, was kommt denn jetzt, jetzt bringt der alles zum Scheitern. Ich konnte mir überhaupt nicht vorstellen, was da jetzt kommt, vielleicht hat der Krätze oder so was. Und dann hat er gesagt: Ja, ich bin schwul. Und dann ist mir ein richtiger Stein vom Herzen gefallen. Das fand ich super-klasse. Denn ich habe eigentlich mit Schwulen vorher nur gute Erfahrungen gemacht – in meinem Bekanntenkreis.

GERD: Und du hast keine Sehnsucht nach einem Mann?

DORIS: Im Haus? Nein, außerhalb gern. Zusammenleben, unter einem Dach, mit einem, den ich liebe, kann ich mir überhaupt nicht vorstellen.

PETER: Ich fand es dann toll, als Ulla und Sylvia sagten: Und wir sind lesbisch.

DORIS: Die Ulla hat dann gesagt: Na, das gleicht sich ja wieder aus, wenn dein Sohn lesbische Gouvernanten hat. Und da habe ich hinterher von der Ulla erfahren, die zwei hatten auch Bauchschmerzen daheim: Wie bringen wir das dem Vater bei, daß die Gouvernanten lesbisch sind? Und danach war die Stimmung unheimlich toll, so richtig gelöst.

GERD: Wie kommst du als schwuler Mann, als schwuler Vater mit Doris und den anderen, besonders mit Mikis, mit der ganzen Situation hier auf dem Land zurecht?

PETER: Ich denke, so eine Entscheidung, in eine Wohngemeinschaft zu ziehen, hat doch erstmal gar nichts mit der sexuellen Orientierung der Einzelnen zu tun. Doris und ich sind damals zusammengezogen, weil wir beide vor dem Problem standen, die Kinderbetreuung für die Zeit zu sichern, in der wir arbeiten gegangen sind. Daß dies im Rahmen einer Wohngemeinschaft besser zu organisieren, vor allem besser zu finanzieren ist, war wohl der ausschlaggebende Grund für uns, zusammenzuziehen.

Im Grund ist mir egal, wie die Nachbarschaft, wie das Dorf über uns denkt. Ich habe wenig Kontakt zur Dorfbevölkerung. Ich glaube, das gilt für uns alle, in ihren Augen sind wir Exoten, als »Zugezogener« ist es eh' schon schwierig, und über das Vereinsleben da hineinzukommen, habe ich wenig Lust. Eine Ausnahme bildet noch eine Wohngemeinschaft hier im Dorf. Die wohnen hier schon seit 7 Jahren, und wenn wir so zusammensitzen, kriege ich schon eine Menge mit, was im Dorf abgeht. Die haben einfach den besseren Draht zu den Alteingesessenen, wohnen ja auch schon länger hier. Wir machen sehr viel miteinander. Wenn die »Gouvernanten« mal nicht kommen können, wissen die Kinder, daß sie zu Bobby gehen können, dort ein Mittagessen bekommen und mit ihr Hausaufgaben machen können oder Doris »hütet« Johannes, Bobbys und Dieters Sohn, wenn die mal ausgehen wollen. Das ist eh' eine wichtige Erfahrung für mich hier: Die Verantwortung für die Kinder ist geteilt. Jörg und ich fühlen uns genauso verantwortlich für Lukas und Lisa (Doris' Kinder) wie Doris und Jörg sich auch für Mikis verantwortlich fühlen. Das schließt denn auch Bobbys und Dieters Kinder mit ein. Also mir würde etwas fehlen, wenn ich nicht mehr mit Bobby über Gartenbau, Gartengestaltung fachsimpeln könnte.

Zurück zum Kontakt zur Dorfbevölkerung. Mit den Kindern ist das anders. Die kommen mit ihren Freunden/innen zu uns nach Hause. Es ist da so, daß die Kinder aus dem Dorf unsere Wohngemeinschaft als Freiraum schätzen, den sie zu Hause wahrscheinlich nicht haben. Das ist auch o.k. so.

Wenn ich mir so vorstelle, was die Leute ringsum denken könnten, dann am ehesten wohl, daß Doris und ich zusammengehören.

DORIS: Aber da sprechen tausend Anzeichen dagegen, die die auch registrieren – umso verwirrender für sie. Es macht da mittlerweile Spaß, den Klatsch anzuheizen, die Leute zu irritieren.

PETER: Nochmal zu Mikis. Mit Mikis ist das so eine Sache- mir war es wichtig, daß in sein und mein Leben wieder ein Stück Stabilität reinkommt. Die Zeit, die ich mit ihm allein gelebt habe, war von seinem Trennungsschmerz von seiner Mutter und meiner unaufgearbeiteten Geschichte mit Sabine geprägt. Hinzu kam, daß der ganze Komplex des Sorgerechts für Mikis lange Zeit zwischen mir und Sabine offen stand. Ich wollte raus aus dieser Unsicherheit, war manchmal auch in der Alleinverantwortung für Mikis überfordert. Ich finde, daß es für Mikis ganz besonders wichtig ist, mit anderen Kindern und Erwachsenen aufzuwachsen. Bei ihm hatte sich schon eine ungesunde Fixierung auf mich, auf »Große« überhaupt angebahnt. Es ist ideal, daß er zusammen mit Lisa die gleiche Klasse besucht. Vor unserem Einzug gab es auf seiner Seite eine Menge Widerstand. Allein leben mit Papa war ihm lieber. Mittlerweile fühlt er sich wohl hier und hat zu Lukas und Lisa eine geschwisterliche Beziehung entwickelt –

mit all den bösartigen Streitereien aber auch, die nun mal dazugehören.

Ich denke, es ist wichtig, daß er lernt, sich bei anderen das zu holen, was ich ihm vielleicht gerade nicht geben kann. Ich bin da sehr stark durch die Erfahrung des Alleinlebens mit ihm geprägt – da war ich nun mal der alleinige Ansprechpartner für seine Bedürfnisse und Ansprüche, was manchmal ganz schön genervt hat. Das Zusammenleben mit ihm allein hat mir eine Menge Rücksichtnahme auf ihn abverlangt. Und ich denke, genau das ist der »Knackpunkt« in unserer Beziehung. Ich glaube noch immer – was mein Schwulsein angeht –, daß ich auf ihn Rücksicht nehmen muß, ehrlicher wäre es wohl zu sagen, daß ich da auf mich selbst Rücksicht nehme. Ich habe da so meine phantasierten Ängste: Was wäre, wenn herauskäme..., wenn er bei Oma und Opa erzählen würde, daß der Papa...

Ich stehe da erst am Anfang. Mikis spiegelt mir eigentlich nur das zurück, was ich bereit bin zu zeigen, preiszugeben. Es ist wohl eher so, daß ich versuche, Mikis aus meinem schwulen Leben herauszuhalten. Überspitzt formuliert: Schwul lebe ich erst in der Stadt, bringe dann mal Freunde mit nach Hause, wenn er übers Wochenende bei den Großeltern ist. Ich denke, er spürt, daß mir so manche Frage unangenehm sein könnte und stellt sie erst gar nicht. Es gab und gibt eine Menge Situationen und Dinge, die ihn eigentlich zu Fragen hätten verleiten müssen – der männliche Akt überm Bett, das TAZ-Foto der zwei sich küssenden Polizisten über der Toilette oder die von der AIDS-Hilfe herausgegebenen Poster im Bad. Doch er fragt nicht, ich hab es bislang aber auch nicht fertiggebracht, ihn mal zu fragen: Was hältst du davon? Wie gefällt dir das? Bin da ausgewichen.

Ich habe da sicherlich schon ganz am Anfang Fehler gemacht. Ich erinnere mich an eine Situation, da habe ich mit Helmut, einem früheren Freund, zusammengesessen, und wir haben uns gegenseitig die Hände gestreichelt. Plötzlich stand Mikis in der Tür und hat gefragt: Seid ihr beiden verliebt? Ich war im ersten Moment total perplex, sprachlos. Helmut hat dann die Initiative ergriffen und gesagt: Der Peter hat kalte Hände, ich massiere sie ihm halt. Was totale Scheiße war. Mikis hat es ohne Kommentar hingenommen. Er hat das ganz richtig wahrgenommen, und wir versuchten, es ihm gegenüber zu vertuschen. Da war eine Chance gewesen, das ist verdammt schief gelaufen. Da ist nichts mehr dran gutzumachen.

Ich bin dabei, aus diesen Fehlern zu lernen. In diesem Zusammenhang ist noch die Aids-Hilfe zu nennen, wo ich mitarbeite. Das sind so zwei Abende pro Woche. Da habe ich Leute kennengelernt, die in ihrem Coming Out sicherlich weiter sind als ich – wenn man überhaupt sowas sagen kann. Auf jeden Fall mache ich da die Erfahrung, wie es sein könnte, wie es für mich sein könnte, ein Stück mehr Mut an den Tag zu legen. Ich brauche mich meiner Sexualität nicht zu schämen. Jetzt muß ich gerade an die Kinder denken, wie sie oben im Fenster standen, ich war unten im Hof. Die Kinder hatten kurz vorher bei mir im Bad eine Packung Pariser entdeckt. Lise hatte einen ausgepackt, hielt ihn so hoch und fragte mich – so richtig herausfordernd-provozierend: Mit wem fickst du eigentlich, Peter? Das ist bezeichnend für die ganze Situation.

Ich bin auf dem Weg, ihnen eine offene, ehrliche Antwort geben zu können.

Zwischen Abrenzung und Nähe: Wolfgang und Ruth

Wolfgang und Ruth leben mit ihrer Tochter Miriam in Frankfurt. Ein Versuch, mit zwei anderen Paaren und deren Kindern im Taunus eine Wohngemeinschaft zu bilden, ist in der ursprünglich konzipierten intensiven Form gescheitert. Sie kauften damals ein altes Bauernhaus und bauen es bis heute um. Die Gründe, weshalb die Gruppe wieder auseinanderging, sind vielfältig. Zunächst zog sich das dritte, kinderlose Paar bald aus der Verantwortung für die Kinder zurück, und innerhalb der Gruppe gab es im Laufe der Jahre immer mehr Auseinandersetzungen. Da nahmen dann für Wolfgang und Ruth die Nachteile des Landlebens immer mehr an Gewicht zu: mehrmals pro Woche ins 60 km entfernte Frankfurt zu fahren, und auch die kulturelle und geistige Isolation auf dem Lande. Schon ihre kleine Tochter bekam sie zu spüren: als Anpassungsdruck von seiten anderer Kinder im Dorf.

Das Haus dort haben sie behalten und nutzen es weiter am Wochenende und in den Ferien; die nach wie vor anstehenden Renovierungsvorhaben empfinden sie als sinnvolle und erholsame Aufgabe.

Im Gespräch bemerkte ich – wie könnte es auch anders sein – keineswegs ausschließlich Harmonie zwischen den Partnern; besonders Wolfgang ließ bisweilen Unzufriedenheit, ja Bitterkeit erkennen. Die Tatsache, daß die Form seiner Beziehung zu Ruth und Miriam eine gewisse Dauer auch für die Zukunft erwarten läßt, war für mich jedoch ein ausreichender Grund, ihre Geschichte in das Kapitel »Integration« aufzunehmen.

Wolfgang ist Lehrer von Beruf; seit die Familie den Hauptwohnsitz wieder nach Frankfurt verlegt hat, kann er zu Fuß in die Schule gehen. Vorher hatte er zwar den langen Anfahrtsweg, es gab für ihn aber auch die Möglichkeit, einmal pro Woche in Frankfurt zu übernachten und sich ungestört in der schwulen Szene zu bewegen.

Ruth hat nach Abschluß ihres Soziologiestudiums keine feste Arbeit aufgenommen, sondern arbeitet selbständig: Sie gibt Kurse an der Volkshochschule und ist für den Rundfunk tätig. Meine Vermutung, sie habe wohl vermeiden wollen, unter einem männlichen Chef zu arbeiten, bestätigte sich, als ihr dazu eine Geschichte einfiel: Für kurze Zeit hatte sie nämlich eine feste Anstellung, kündigte aber bald, weil sie die autoritäre Art ihres Vorgesetzten nicht länger ertragen konnte. Aber auf meine Frage, ob sie Feministin sei, lächelt sie: »Ich weiß gar nicht, was das ist!« Jedenfalls liebt sie Männer, sieht also keinen Grund, mit ihnen grundsätzliche Debatten anzufangen; ein ständiges Problemfeld ist jedoch die aus ihrem unregelmäßigen Einkommen herrührende finanzielle Abhängigkeit von Wolfgang.

Ein stabilisierender Faktor in der Beziehung ist die langjährige Geschichte der beiden miteinander: Wolfgang war für Ruth die erste große Liebe. Da war sie siebzehn. »Ich habe an ihm einige Eigenschaften bewundert, die ich selber nicht habe«, sagt sie. Dann blieben beide während des Studiums verbunden, wohnten aber nie zusammen. Es gab viele Höhen und Tiefen und auch andere Beziehungen, vor allem bei Ruth. Daß Wolfgang schwul ist, stellten beide erst nach ca. fünf Jahren ihrer Beziehung fest. Der Anlaß, Ruth davon zu erzählen, ergab sich daraus, daß Wolfgang sich oft von ihrer Eifersucht verfolgt fühlte. »Ja, ich war damals schrecklich eifersüchtig«, bestätigt sie, »ich weiß heute selber nicht warum.« Heute sei davon aber keine Spur mehr vorhanden, versichert Wolfgang. Damals habe er ihr jeden Grund für Eifersucht nehmen wollen, indem er ihr erklärte: »Ich weiß nicht, was dich immer so aufregt, diese Frau oder eine andere, die du noch nicht kennst oder die mich von früher her kennen – wenn ich bei diesen Leuten auf jemanden geguckt habe, dann habe ich allenfalls die Männer dieser Frauen angeguckt!«

Diese Eröffnung scheint die Eifersucht von Ruth tatsächlich geheilt zu haben. »Homosexualität fand ich interessant, fast exotisch; auf keinen Fall habe ich das als bedrohlich empfunden. Außerdem mochte ich Dietmar, den Freund, den Wolfgang damals kennengelernt hatte.« Wie schon gesagt, die eigentlich Aktive nach außen bei dieser Beziehung war Ruth. Das mag zur Erklärung mithelfen, warum ihre Reaktion auf Wolfgangs Eröffnung anders ausfiel als die zahlreicher anderer Frauen, die wir bisher kennengelernt haben. Doch ihre eigenen »außerehelichen« (die zwei sind erst seit 1981 wegen Miriam verheiratet) Beziehungen dauerten immer nur ziemlich kurz. »Das waren oft Männer, die ich sexuell anziehend fand, aber mit denen hätte ich nicht zusammenleben können. Den Alltag gestalten, das ging nur mit Wolfgang.« Außerdem hatte sie dann doch ein schlechtes Gewissen, weil Wolfgang ihre Liebesaffären nicht akzeptierte. Als Beispiel dafür erwähnt sie das Verhältnis zu einem Franzosen namens Jean, aber da protestiert Wolfgang: »Das hing damit zusammen, daß du bei dem in Nizza warst, das war nicht einfach so um die Ecke wie Frankfurt oder Darmstadt. Und dann wolltest du sogar länger in Frankreich bei ihm bleiben.«

Nun, es gab einen unscheinbaren Grund für diesen Wunsch, und der heißt Miriam: Sie ist das Kind von Jean und Ruth. An dieser Stelle muß ich unser Gespräch wörtlich zitieren.

RUTH: Mit Jean konnte ich mir den Alltag überhaupt nicht vorstellen, mit Wolfgang schon. Und dann war da das zweite wesentliche Moment, daß ich in Wiesbaden in eine Wohngemeinschaft zurückkam und mir das auch eine Perspektive gab, daß ich da nicht mit Wolfgang alleine wohne, in so einer Dreierbeziehung mit Kind.

GERD (zu Wolfgang): Und wie war deine Stellung dazu?

WOLFGANG: Ja, da muß ich vielleicht ein kleines bißchen ausholen. Unsere langjährige Beziehung, die über die ganzen siebziger Jahre ging – das war die sozialliberale Ära, und das Kind war dann gewissermaßen die Krönung zur Wendezeit, wenn man's mal politisch festmachen will – (großes Gelächter) diese ganze Zeit der siebziger Jahre war auch die Zeit unseres Studiums, und bisweilen gab es Panik wegen der Frage, ob denn wohl ein Kind unterwegs war – ich kann mich da an zwei oder drei Situationen erinnern – aber da haben wir noch Glück gehabt oder auch nicht, und dann gab es die langen Diskussionen darum, ob Kind oder nicht Kind. Und da gab es immer tausend rationale Erwägungen, kein Kind zu bekommen, ich brauch dir die Gründe sicher nicht alle zu nennen. Das waren rationale Erwägungen, und ich wäre immer bereit gewesen, die über Bord zu schmeißen, eher noch als die Ruth. Ich bin noch heute der Meinung, daß wir sehr wahrscheinlich über dieser ganzen Diskutiererei nie ein Kind gekriegt hätten.

GERD: Ich wüßte aber doch noch gerne, in welche Richtung diese rationalen Erwägungen gingen.

WOLFGANG: Ja, angefangen von der Überbevölkerung über die Zukunftschancen –

RUTH: Das waren aber alles Scheinargumente.

WOLFGANG: Nein, das waren wirklich keine Scheinargumente!

RUTH: Für mich, ich empfinde es heute so.

WOLFGANG: Aber wieso denn das?

RUTH: Ich hatte Ängste, Ängste vor dem Alltag. Ich habe Angst gehabt, daß ich da total – daß meine ganze berufliche Karriere total untergeht.

WOLFGANG: Was klar ist für mich in meiner Wahrnehmung, wie ich das damals gedacht habe, war, daß ich eigentlich gern ein Kind gehabt hätte. Ich hab das auch erlebt bei meinem Neffen, der sehr eng mit mir aufgewachsen ist, wo mein Bruder mich an der Erziehung mit beteiligt hat, und ich weiß, daß das sehr angenehm war, so ein kleines Kind. Und ich hatte mich dann vertröstet, indem ich mir gesagt hab, nun ja, du bist ja Lehrer, du hast ja Umgang mit Kindern und hast das auch schon erlebt, also brauchst du's nicht. Aber in Wirklichkeit hätte ich gern ein Kind gehabt.

Nun ja, und dann platzte da diese Nachricht herein, und im ersten Moment war da zweierlei, das war eine gespaltene Reaktion. Die erste Reaktion war: Ach, wie toll, jetzt ist das halt Schicksal oder wie man es nennen mag, es ist etwas hereingebrochen, und das muß man annehmen. Und ich war auch total bereit, das anzunehmen, auch wenn dieser Samen nicht von mir war. Und das zweite war gleich hinterher: Da kommt so einer dahergelaufen – ja, ich sag's jetzt ganz bewußt so, wie ich's auch empfunden hab – der schießt zweimal quer, und sofort macht er ein Kind. Ich sag's jetzt mal etwas brutal.

GERD: Und du hattest schon ewig mit der Frage zu tun –

WOLFGANG: Ja! Wir diskutieren und tun so intellektuell 'rum, und auf einmal bricht's dann rein und Schluß. Das ist auch heute eher meine Meinung, daß es eher so läuft als andersrum. Und ich glaube (zu Ruth), wenn du den Brief noch hast, den ich damals geschrieben habe, den hast du ja sehr wahrscheinlich noch – da ist die erste Seite voll von Gefühlsüberschwang, von diesem Gefühl, die Dämme brechen ein, und diese Lust, Leben zu sehen, und die zweite Seite ist genau das andere. Na ja, irgendwie so Gekränktsein. Daß dann irgend so einer daherkommt. Wobei mir das nichts ausmacht, daß das nicht mein Fleisch und Blut ist, wie das so kitschigerweise heißt. Die Beziehung zu Miriam könnte gar nicht anders sein, wenn ich ihr leiblicher Vater wäre, denke ich mir. Nur hat dieses Gefühl, wie ich's eben ausgedrückt habe, mich auch verletzt. Und da haben wir dann ein bißchen 'rumgekämpft, ich bin nach Nizza gefahren, das wurden zwei dramatische Wochen, da könnte man einen Film draus machen oder einen Roman drüber schreiben: drei Leute, die versuchen –

RUTH: Da fühlst du dich als der Nabel der Welt, als gäbe es sonst nichts –

WOLFGANG: Die voreinander herlaufen, umeinander laufen – einen Versuch machen, drei Tage zelten zu gehen, und das klappt dann doch nicht, die Sprachgrenze noch dazwischen ... dann war die Frage der Abtreibung, da waren wir schon in der Klinik. Da hab ich gesagt, da habe ich nichts mit zu tun, da ist sie dann mit dem Jean hin. Sie wollte erst abtreiben lassen, und dann hat ihr der Arzt wohl dieses Bild des Embryos gezeigt, und dann wollte sie halt nimmer –

RUTH (protestiert): Oh, das hast du aber jetzt ganz falsch erzählt!

WOLFGANG: Doch, als er dir dieses Bild gezeigt hat, da hast du doch – ?

RUTH: Nein, Wolfgang, soll ich nochmal kurz erzählen, wie das war? Ich hatte den Termin bei dem Arzt, der feststellen mußte, per Ultraschall, ob es nicht zu groß, zu alt schon ist. Das war bei einem »Scene-Arzt«, also da gibt es auch eine ganz winzige Scene in Nizza. Und da kam ich in das Sprechzimmer, da saßen die schwangeren Frauen rum. Und da hab ich mich auf einmal so wohl gefühlt, ich hab mir gedacht, die sitzen da alle so toll ...

WOLFGANG (brummelt etwas dazwischen)

RUTH: Mensch, der Arzt war informiert, daß er per Ultraschall überprüft, damit das bei dem anderen Arzt klar war wegen der Abtreibung. Und dann hab ich zu Jean gesagt, nee, also das ist jetzt klar. Es war ja immer so ein Hin und Her. Da war für mich irgendwo ein Hammer, irgendwas hat das bei mir ausgelöst. Diese Frauen mit ihren Bäuchen saßen da so toll, da, einfach in sich ruhend. Dann kamen wir dran, und der Arzt hat gesagt, ich erkläre Ihnen gar nichts zu dem Bild, denn das macht dann bloß psychische Probleme, weil er davon ausging, das ist nur für die Abtreibung. Und dann hab ich gesagt, nein, ich will nicht abtreiben, ich will das jetzt doch behalten. Und dann ist der Arzt mir um den Hals gefallen und hat gesagt: Das find ich aber eine tolle Entscheidung! Und dann erst hat er sich Zeit genommen – so war das! – dann hat er sich Zeit genommen und mir alles erklärt.«

Wolfgang wurde dann der »soziale Vater« für Miriam, die Beziehung zwischen Ruth und Jean reduzierte sich auf briefliche Kontakte und Ferienbesuche. Miriam, inzwischen fünf Jahre alt, habe ich leider nicht kennengelernt, weil ich ihre Eltern jedesmal abends besuchte, als sie schon schlief. Wolfgang behauptet, sie reagiere nicht auf Versuche, ihr ihre besondere Situation zu erklären, erzählt aber dann gleich eine Episode, aus der hervorgeht, daß sie doch Bescheid wissen will. »Das ist jetzt vier Wochen her, da sagt sie zu mir: »Wer hat denn dich gemacht?« Da hab ich gesagt: »Der Opa Fritz und die Oma Barbara.« – »Und wer hat die Ruth gemacht?« – »Ei, der Opa Erich und die Oma Paula.« – »Und mich? Mich hat die Ruth gemacht und du!« – »Nein«, sag ich, »dich hat die Ruth gemacht und noch ein anderer Mann.« – »Och jo!« – War das Thema erledigt! War aus, und ich denke, es hat jetzt gar keinen Sinn zu sagen, das war der und der, denn das übersteigt ihren Erfahrungshorizont. Sie fragt ja, was sie wissen will. Und wenn sich die Situation ergibt, wird sie auch Genaueres erfahren.«

Ruth bemerkt dazu, daß Miriam sie zu diesem Thema nicht befragt hat, und das könnte, wie wir im Kapitel »Kinder« schon gesehen haben, wieder damit zusammenhängen, daß sie, woher auch immer, bereits wußte, welche Antworten die richtigen waren und deshalb den »nicht so betroffenen« Wolfgang befragt hat.

Wolfgang: »Für die Miriam ist es auch nichts Besonderes,

wenn irgendwo irgendjemand schläft. Letztens haben wir mal die Betten getauscht, da kam eine Freundin von Ruth zu Besuch, und Dietmar, der einen Teil des Hauses gemietet hat, war bei mir. Mit dem habe ich keine sexuelle Beziehung mehr, aber die Miriam merkt wahrscheinlich auch, daß da mehr zwischen uns ist als bloß eine Freundschaft. Da haben wir zu dritt in einem Bett geschlafen, der Dietmar, die Miriam und ich, das war ganz normal für sie. Das schafft für sie auch so eine Atmosphäre, wo alles ein bißchen im Fluß ist. Zwar ist schon eine Beständigkeit da, aber gerade diese Wochenenden im letzten Sommer, wo ich relativ oft nicht zu Hause geschlafen habe, weil ich eine recht enge Beziehung zu einem Mann hatte, da hat sie das schon angesprochen und gefragt, wieso und warum, das war dann schon was Besonderes.«

Die schwulen Freunde von Wolfgang kamen oft nicht so gut mit seiner Situation zurecht. Sie mußten sich damit abfinden, gewissermaßen eine untergeordnete Rolle zu spielen. Für Wolfgang ging die Verantwortung für Miriam vor, und er genoß das auch: »Ich fühle mich lustvoll verantwortlich!« sagt er. »Einer hat mir sogar direkt vorgeworfen: »Du pickst dir von allem die Rosinen raus, ein Kind, eine Frau und außerdem noch einen Freund!« – Ich hab denen auch manchmal ziemlich viel zugemutet«, gibt er unumwunden zu.

Immerhin zeigt die Art, wie sich Dietmar inzwischen im gemeinsamen Projekt engagiert hat, daß ihm die Atmosphäre im Haus zusagt; häufiger war auch noch die Rede von einem weiteren Freund, der sich seit Jahren regelmäßig sehen läßt. Doch, wohlgemerkt, es bestehen zu beiden keine sexuellen Beziehungen mehr, und damit hat sich wiederum eine Trennung zwischen Sexualität und Alltag ergeben, von der wir zu Beginn des Kapitels sprachen. Diese Trennung besteht auch, allerdings ohne ausdrücklichen Entschluß, zwischen Wolfgang und Ruth. Hier ist es Ruth, die sich sperrt, und Wolfgang hat nach wie vor Wünsche an sie. »Du gibst den anderen, was du mir verweigerst«, äußerte er. Ruth weiß eigentlich keinen bestimmten Grund für ihre Verweigerung anzugeben. »Das ist allmählich so gekommen«, sagt sie, »es ist auch keine prinzipielle Entscheidung.«

Wolfgang Gleitz:

Meine Utopie

Wenn an einem märchenhaften Christopher-Street-Day alle schwulen Väter auf die Straße gingen, dann brächen an diesem Tag alle scheinheiligen, idyllischen Familienglückslügen der Boulevard- und Regenbogenpresse in sich zusammen! Und welche Menschen kämen da zusammen, um sich endlich mitzuteilen und miteinander zu freuen: der Nachbar gegenüber, der Kollege nebenan, der Kumpel vom Sport! (Hättest du das gedacht?) Aber auch der Polizist, der Lehrer, der Pastor ständen (ordentlich verheiratet) auf der Straße! Dann dozierte ein Professor über die Sozialisation seiner Kinder! Studenten (Juristen, Theologen, Betriebswirtschaftler) und Soldaten (verheiratet, verlobt) fielen sich in die Arme! Die Kinder dieser Väter wären dabei, würden auf ihren Schultern sitzen und ihre Hände suchen und spüren, daß von diesen Menschen nicht sittliche Gefahren ausgehen, sondern das Verlangen nach selbstverständlicher und unbehinderter Liebe! Und ein pickliger Junge würde vielleicht seinen schwulen Opa erkennen! An welchem Tag? An einem traumhaften Tag!

Auf der Straße drängten sich schwule Väter, und hinter den Gardinen stände die verunsicherte Minderheit der Leute aus den heterosexuellen Kreisen! Hinter den Klassikern im Bücherregal versteckt er den Videoporno, zu dem er dienstags wichst, wenn sie zur Gymnastik geht, weil er im Bett nicht mehr gefragt ist. Unzugänglich für bewußte Verhaltensänderung, überträgt sie der Tochter die unbefriedigte Verklemmung ihrer Situation. Die Tochter reagiert darauf mit Drogen oder Magersucht. Und da immer wieder gesagt wird, daß die Familie die Keimzelle der Gesellschaft sei, läßt sich die Gesellschaft von dieser Familie kaum noch unterscheiden.

Mitunter schweifen so meine Gedanken ab und probieren neue Wege, die sie vorher nicht zu denken wagten. Das Märchenhafte dieser Visionen liegt allein darin, daß der Tag noch nicht da ist, an dem BILD die Redaktion schließt. Aber die an dieser Vision beteiligten Menschen kann jeder täglich schon treffen; mit vielen habe ich schon gesprochen, habe ihre Geschichten gehört und auch meine erzählt und habe ihre Tränen gesehen, wenn sie ehrlich wurden.

JURISTISCHE HINWEISE

Gerhard Schneider:

Ein Brief an Piet

VORBEMERKUNG: Im folgenden Beitrag sind die Väter ehelicher Kinder angesprochen. Die Väter nichtehelicher Kinder haben so gut wie keine Rechte gegenüber ihren Kindern – egal ob sie schwul sind oder nicht. Erst im Frühjahr 1987 ließ das Bundesjustizministerium verlauten, es werde darüber nachgedacht, nichtehelichen Vätern mehr Rechte zuzugestehen. Vorerst noch wird ihnen lediglich eine Pflicht zugestanden: die Unterhaltszahlung. Von Kindern ist die Rede, jungen Menschen unter vierzehn. Den Älteren werden vom Bürgerlichen Gesetzbuch Beteiligungsrechte eingeräumt, die im Konfliktfall ausschlaggebend sein können.

Lieber Piet,
nun habt Ihr endlich den Mut zur Trennung gefunden, Corinna und Du, und ich weiß nicht, ob ich Euch zu Eurem neuen, eigenständigen Leben beglückwünschen kann. Ich glaube, ich kann es noch nicht, solange Ihr Euch nicht einig über die Zukunft Eures Kindes seid. Ihr habt beide gelitten in der letzten Zeit, die Auseinandersetzungen waren hart. Ich habe Deinen Mut bewundert, wie Du gelernt hast zu Dir zu stehen, und ich habe Corinna noch mehr schätzen gelernt, weil sie mit großer Ruhe, trotz ihres Verletztseins, bereit war, mit Dir und mit mir zu reden. Deshalb ist es mir ein Rätsel, warum sie jetzt so plötzlich umgeschwenkt ist und diesen harten Konfrontationskurs fährt. Aber am meisten, glaub mir, leidet Sascha. Schont den Jungen. Bitte!

Du fragst mich nach der rechtlichen Situation schwuler Väter, und ich habe mich in der Literatur umgeschaut. Ich habe im Trüben gefischt. Die Fachzeitschriften für Familienrecht bergen eine Fülle gerichtlicher Entscheidungen zum Recht der elterlichen Sorge, zu Besuchs- und Unterhaltsregelungen. Nur einmal taucht lesbische Liebe in den Entscheidungsgründen auf. Schwulsein überhaupt nicht. Und man fragt sich, wo sie sind, die schwulen Väter.

Drei Gründe kann das Fehlen von Homosexualität in den Entscheidungsgründen der Gerichte, die ansonsten ausführlich das Verhalten zerstrittener Eheleute zu würdigen wissen, haben:

– Die Scheidungen schwuler Väter und die Folgesachen laufen einvernehmlicher ab als die ihrer heterosexuellen Geschlechtsgenossen; Gerichte brauchen nicht bemüht zu werden.

– Schwule Väter kämpfen weniger als andere und finden sich mit erstinstanzlichen Entscheidungen der Amtsgerichte ab, die in der Regel nicht veröffentlicht werden.

– Schwule Väter sind klüger und verteidigen ihre Recht nicht mit Klauen und Zähnen, weil sie wissen: Die Leitragenden im Streitfall sind immer die Kinder.

Es bedürfte empirischer Forschung, um die eine, die andere oder alle Hypothesen zu beweisen. Vereinzelte, mir zugegangene Berichte von Betroffenen sind den beiden letztgenannten zuzuordnen.

Wärst Du mit Corinna einig, bräuchtest Du Dir um Deine Rechte gegenüber Sascha keine Gedanken zu machen. Schwierig für alle Beteiligten, vor allem für den Kleinen – er ist ja erst fünf – ist's, weil Ihr Euch streitet. Deshalb wird in diesem Brief – dies sei vorweg geschrieben – am Ende ein Plädoyer auf Verzicht stehen. Verzicht auf Dir nach dem Bürgerlichen Gesetzbuch zustehende Rechte, auf das Sorgerecht, auch auf das Recht, Sascha regelmäßig zu sehen, wenn Corinna sich nicht zu besserer Einsicht durchringen kann.

Bis zum 1. Januar 1980 unterstanden Kinder noch der »elterlichen Gewalt«. Sie wurde durch die »elterliche Sorge« ersetzt; Gewaltverhältnisse zwischen Eltern und Kindern sind dadurch noch lange nicht aufgelöst.

Das Recht der elterlichen Sorge beinhaltet drei Bereiche:

– Die Personensorge – sie schließt die tatsächliche Sorge für das Kind (u.a. Ernährung, körperliche Pflege, Gesundheitsfürsorge) und das grundgesetzlich verbriefte Recht auf Erziehung des Kindes ein; zu ihr gehören die Aufsichtspflicht und das Recht, den Aufenthalt des Kindes zu bestimmen;

– die Vermögenssorge – sie hat für Euch keine Bedeutung, weil Sascha kein eigenes Vermögen besitzt, das von Euch verwaltet wird;

– die gesetzliche Vertretung – sei berechtigt Eltern, ihr Kind gegenüber Dritten zu vertreten und in seinem Namen rechtserhebliche Erklärungen abzugeben.

Leben Eltern getrennt, werden sie geschieden, muß die elterliche Sorge vom Familiengericht geregelt werden. In vielen Fällen brechen Konflikte erst auf, wenn die gerichtliche Regelung ansteht und ein Elternteil auf bisher wahrgenommene Rechte und Pflichten verzichten soll.

Das Familiengericht bestimmt, welchem Elternteil die elterliche Sorge zustehen soll. Bindungen des Kindes, besonders an seine Eltern, Geschwister und sonstige Bezugspersonen, sind zu berücksichtigen. Von einem gemeinsamen Vorschlag der Eltern, zu dem Ihr Euch (noch) nicht durchringen könnt, soll nur in Ausnahmefällen abgewichen werden. Wäre Sascha schon vierzehn, hätte er das Recht auf einen eigenen, von Euch unabhängigen Vorschlag. Er ist aber für das Gericht nicht bindend.

Grundsätzlich besteht nach einem Urteil des Bundesverfassungsgerichts vom 1982 die Möglichkeit, daß geschiedene Eheleute auch weiterhin die elterliche Sorge gemeinsam ausüben, selbst wenn sie nicht zusammenleben. Dies setzt ein hohes Maß an Kooperation voraus; die Fähigkeit zum rationalen Diskurs und zur – auch verbal – gewaltfreien Auseinandersetzung muß sich schon im Trennungs- und Scheidungsverfahren gezeigt haben. Das ist Euch beiden zu Zeit nicht möglich, und so scheidet diese Regelung aus.

Zentrales Entscheidungskriterium für das Gericht ist das »Kindeswohl«. Das ist ein unbestimmter Rechtsbegriff. Den Juristen ist es noch nicht gelungen, ihn zu definieren; Pädagogen, Psychologen, Soziologen werden auch in fernen Zeiten noch kein Ende ihres Streits finden – die Auslegung der Generalklausel ist immer abhängig von gesellschaftlichen Vorstellungen. »(Es) kristallisiert sich ein Schwerpunkt der Kindeswohl-Problematik heraus: die inhaltliche Unbestimmtheit des Begriffs und, daraus folgend, die Gefahr subjektivistischer, willkürlicher Handhabung durch die Gerichte, also das Wert- und Rationalitätsproblem.« So steht es in einer 1983 erschienenen Habilitationsschrift (Coester, S. 3) und nichts hat sich bisher daran geändert.

Womit fast alles über die Chancen eines schwulen Vaters, im Streitfall das Sorgerecht über sein Kind zu erhalten, gesagt wäre. Wir alle wissen: Schwulsein zwischen erwachsenen Männern ist nicht mehr strafbar, das Rationalitätsproblem scheint zumindest ansatzweise gelöst, das Wertproblem ist es noch lange nicht. Wie sonst könnte das Oberlandesgericht Hamm einer lesbischen Mutter die elterliche Sorge über ihr Kind zugestehen mit der Begründung (und quasi der Auflage), sie und ihre mit ihr lebende Freundin könnten die Art ihres Zusammenlebens gegenüber dem Kind so darstellen, als sei die Freundin eine Tante, und das Kind müsse nicht zwangsläufig mit lesbischer Liebe konfrontiert werden? Das bedeutet nichts anderes, als daß Du, willst Du zu Deinem Schwulsein stehen und vielleicht auch noch mit Joachim zusammenleben, Dich zu verstecken hast – vor dem Kind, vor Corinna, die unter Umständen mit Argusaugen über Euch wacht, vor der Umwelt. Selbst wenn Du es wagst, offensiv den Weg durch die Gerichtsinstanzen anzutreten, und selbst wenn ein Gericht unter solchen Bedingungen Dein Schwulsein nicht als Hinderungsgrund sehen würde, wäre der Preis nicht zu hoch? Ich persönlich halte eine solche Gerichtsentscheidung für sehr unwahrscheinlich, denn wir haben eine Männerjustiz, und von der wird lesbische Liebe längst nicht so ernstgenommen und als so bedrohlich empfunden wie männliche Homosexualität.

Anerkanntermaßen ist ein Kriterium des Kindeswohls die Kontinuität in der Entwicklung des Kindes. Seine emotionalen Beziehungen und Bindungen zu den Bezugspersonen, auch zu Geschwistern sind zu berücksichtigen, so schwer sie, besonders bei kleineren Kindern, zu erforschen und darzustellen sind. Im Streitfall hat das Gericht abzuwägen, bei welchem Elternteil ein Kind in der Zukunft die besten Chancen hat; hier können auch materielle Gesichtspunkte eine Rolle spielen. Der »Scheidungsschaden« soll für das Kind so gering wie möglich gehalten werden.

Eine wesentliche Rolle bei Sorgerechtsentscheidungen kommt den Jugendämtern zu. Sie sind in jedem Fall zu hören und haben dem Gericht gegenüber eine begründete Stellungnahme, die auf Gesprächen mit Eltern und Kind basiert, abzugeben.

Du hast, wenn Dir das Sorgerecht nicht zugesprochen wird, ein Recht auf persönlichen Umgang mit Sascha, darfst ihn regelmäßig besuchen oder zu Dir holen. Unproblematisch ist es, wenn beide Elternteile sich einig und in der Lage sind, auf die Bedürfnisse des Kindes einzugehen. Katastrophal wird es, wenn die Erwachsenen sich streiten. Dann stehen sich Wohl des Kindes, sein Recht auf ungestörte Entwicklung und (eingeschränktes) Elternrecht diametral gegenüber. Das Kind wird immer in den Streit der Parteien mit einbezogen, wie auch beim Streit um die Regelung der elterlichen Sorge.

Ein (nicht veröffentlichter) Beschluß des Berliner Amtsgerichtes Tempelhof-Kreuzberg sprach einem Vater das Umgangsrecht mit seinem Sohn ab. Die sorgeberechtigte Mutter hatte ihren Antrag unter anderem damit begründet, der Vater zeige sich mit seinem Freund in der Öffentlichkeit homosexuell, dadurch sei die Entwicklung des Jungen gefährdet. Obwohl die am Verfahren beteiligten Jugendämter sich für den Vater ausgesprochen und keine Gefährdung des Kindes gesehen hatten, vielmehr eine nicht gelöste Beziehungsproblematik zwischen den Eltern vermuteten, obwohl der Junge den Wunsch geäußert hatt, den Vater zu sehen, wurde die Verbindung zwischen Vater und Sohn unterbunden. Womit die oben zitierte Gefahr bewiesen wäre. Der Vater akzeptierte den Beschluß schweren Herzens, ersparte aber so seinem Kind eine aufreibende Prozedur durch die Testanordnungen verschiedener Psychologen und Psychiater.

Jeder, der sich von Entscheidungen des Familien- oder Vormundschaftsgerichts benachteiligt sieht, hat die Möglichkeit, Rechtsmittel (Beschwerde) dagegen einzulegen. Streitigkeiten um das Sorgerecht werden vom Familiengericht entschieden, Konflikte um die Besuchsregelung vom Vormundschaftsgericht. Beschwerdeinstanzen sind die Landgerichte,

Oberlandesgericht und zuletzt der Bundesgerichtshof.

Jeder, der sich von gerichtlichen Entscheidungen benachteiligt sieht oder von ihnen benachteiligt wird, sollte genauestens überlegen, ob er den vorgegebenen Instanzenweg beschreiten, auf seinem guten Recht beharren will, es unter Umständen vielleicht sogar bekommt, oder ob er um des Kindes willen nicht darauf verzichtet.

Nicht genug, daß das Kind – eben auch Euer Sascha – das Auseinanderleben der Eltern, den Verlust eines Elternteils verkraften muß – Du bist ja ausgezogen, und das war richtig so –, ihm wird auch noch die Rolle des Schiedsrichters zugemutet. Nicht nur die Mitarbeiter des Jugendamts befragen das Kind, bei welchem Elternteil es in Zukunft leben will, nein, es soll auch vom Gericht persönlich angehört werden. Es muß, gleichgültig ob es das will oder nicht, Partei beziehen für die andere oder für den einen. Kannst Du Dir die Überforderung vorstellen, der Sascha ausgesetzt wird, wenn er mit seinen fünf Jahren, oder vielleicht auch erst im nächsten oder übernächsten Jahr, sollte Eure Scheidung sich hinziehen, wildfremden Menschen sagen soll, wer von Euch beiden ihm lieber sei, bei wem er bleiben möchte? Der Junge liebt Euch beide, und Ihr beide liebt ihn. Und er – das wissen die Entwicklungspsychologen schon lange – möchte Euch am liebsten beide behalten. Die Fragestellung beim Gericht wird aber so sein, daß er in eine eindeutige Antwort, zumindest aber in eine eindeutig erkennbare Tendenz gedrängt wird. Der Kleine wird sich als Verräter an mindestens einem von Euch empfinden. Nein, so klar kann er das nicht ausdrücken, aber er erlebt es so.

Ein größeres Kind, etwa ab vierzehn aufwärts, kann sich eher gegenüber zuneigungs- und sorgerechtsfordernden Elternteilen behaupten. Es hat die Möglichkeit, sich auf sich selbst zurückzuziehen oder sich an anderen Bezugspersonen zu orientieren, ist in der Lage, den Konflikt der Eltern distanziert zu betrachten und sich eine eigene Meinung zu bilden. Ein Jugendlicher wird kaum gegen seinen erklärten Willen beim einen Elternteil zu halten sein oder ihn – gerichtlich verodnet – besuchen. Aber auch er wird leiden.

Sascha wird, wenn Ihr Euch nicht einigen könnt, Eurer Streiterei hilflos ausgeliefert sein. Er wird zu einem Objekt, um das aus anderen Gründen als um seiner selbst willen geschachert und gekämpft wird: Ihr beraubt den Jungen seiner Persönlichkeit. Eure Ehe wird mit dem Scheidungsurteil nicht beendet sein, sondern nur mit anderen Mitteln fortgeführt. Vielleicht – das fällt mir gerade ein – ist das der Grund, warum Corinna diesen radikalen Kurswechsel vollzogen hat: Auch im Streit, in der Auseinandersetzung begegnen Menschen einander, auch darin ist Nähe möglich, so belastend sie auch sein mag. Vielleicht zieht sie diese Art der Nähe dem plötzlich zugewiesenen Alleinleben vor?

Eltern, die sich um ihr Kind streiten, suchen meist die Hilfe von Anwälten. Anwälte leben vom Erfolg – nichts gegen Erfolg, und er sei ihnen auch gegönnt. Aber die Mittel, mit denen sie ihn erreichen, sind oft wenig zimperlich und auf keinen Fall kindgerecht. Formaljuristisch mag alles korrekt sein, aber an den Bedürfnissen des Kindes geht es meilenweit vorbei. Die Schäden, die gesetzt werden, sind oft nicht gleich erkennbar, aber stelle Dir vor, was in dem Jungen vorgehen wird, wenn Du beim Gericht eine Besuchsregelung durchgeboxt hast und ihn dann abholst.

Gelingt es Dir und Corinna nicht, Eure früher mal liebevolle und jetzt so konfrontative Beziehung in eine vernünftige Bahn zu lenken, wird Sascha, wenn er bei ihr bleibt, das Gefühl haben, ihr wehzutun, wenn er mit Dir weggeht. Das Bild, das Corinna sich von Dir macht, wird sie dem Jungen vermitteln, auch ohne große Worte. Für einen Jungen in seinem Alter gibt es nur Gut und Böse. Du bist weggegangen, Corinna – ich kann sie ja verstehen – fühlt sich von Dir verlassen. Sie ist gut, bei Sascha geblieben, und dann soll er – in der Regel sprechen die Gerichte dem nichtsorgeberechtigten Elternteil ein Wochenende mit dem Kind monatlich zu – freudig mit Dir weggehen. Er wird das Gefühl haben, seiner Mutter wehzutun. Sein Inneres wird total durcheinanderkommen: Denn Du bist böse, und er liebt einen bösen Menschen! Unter anderem so werden die Grundlagen geschaffen für mühsame kostenträchtige psychotherapeutische Behandlungen im Jugendlichen- oder Erwachsenenalter. (Welches Leiden ihnen vorausgeht, weißt Du aus eigener Erfahrung.)

»Wenn aber nicht einmal die minimalen Formen konventioneller Höflichkeit gewahrt sind, falls der geschiedene Ehepartner nicht wenigstens so gut wie der Milchmann und etwas besser als ein lästiger Versicherungsvertreter an der Wohnungstüre abgefertigt werden kann, dann gereicht ein Besuchskontakt nicht zum Vorteil, sondern zum Schaden für das Kind.« (Lempp, S. 44)

Eben. So ist es, lieber Piet. Und da ist es gleichgültig, ob ein Gericht Recht gesprochen hat oder nicht.

Lasse Sascha, wo er ist, kämpfe nicht um ihn. Auch später nicht, falls Corinna sich auf den Standpunkt stellen sollte, es sei für den Jungen besser, Dich nicht zu sehen. Lasse andere darüber urteilen, aber keine Gerichte!

Versuche mit Corinna wieder ins Gespräch zu kommen, Dich direkt mit ihr zu einigen. Oder geht zu einer Eheberatung. Eheberatungsstellen haben heute nicht mehr den Anspruch, Beziehungen um jeden Preis zu retten. Sie können auch bei einem vernünftigen Auseinandergehen behilflich sein.

Ja, mein Freund, ich weiß, dieser Brief ist eine Zumutung für Dich. In jeder Hinsicht. Du hast die verständliche Angst, den Jungen zu verlieren. Dein Gefühl für Recht wird verletzt, Du sollst auf etwas, was Dir vom Grundgesetz her als etwas Natürliches zugestanden wird, verzichten. Und sollst auch noch Unterhalt zahlen. Aber daraus läßt sich kein Recht herleiten. Selbst wenn Du für Corinna Unterhalt zahlen müßtest – dies wird nicht der Fall sein, weil sie ihren Beruf hat –, es würde Dir doch dann auch nicht einfallen, daraus das moralische Recht zu beanspruchen, einmal monatlich mit ihr zu schlafen – abgesehen davon, daß Du inzwischen andere Freuden entdeckt hast und sie hoffentlich lange, sehr lange mit dem Joachim teilst.

Ich habe diesen Brief nicht nur für Dich geschrieben. Auch für mich. Und für meinen Sohn.

Helga und ich ließen uns scheiden, als er ein Jahr alt war. Ein Jahr später zog ich aus dem Ruhrgebiet weg. Da hatte sie einen neuen Freund, ihren jetzigen Mann. Der Junge bekam einen Vater.

Ich einigte mich mit ihr darauf, daß ich den Jungen nicht besuchen, ihm auch nicht schreiben würde. Es sei unnötig, ihn in die Verwirrung zu stürzen, die ihn überkomme, wenn der eine Mann mit Papa angeredet werde und der andere behaupte, er sei sein Vater. Ich habe mich an die Vereinbarung gehalten. Sie hat ihn nie im unklaren gelassen, daß es mich gibt. Zehn Jahre später lernten wir uns wieder kennen.

In einem halben Jahr wird er achtzehn. Für ihn bin ich nicht sein Vater, ich bin der Sohn seiner Oma, die er sehr liebhat.

Ich habe vor fünfzehn Jahren auf einen Sohn verzichtet. Seit fünf Jahren habe ich einen freundlichen jungen Freund.

Ich wünsche Dir Kraft und Mut zu den richtigen Entscheidungen.

Gerhard

Ernst Silbermayr:

Zur Lage von homosexuellen Vätern im Österreichischen Familien-, Ehe-, Adoptions- und Scheidungsrecht

Gegenwärtig arbeitet ein Ausschuß der österreichischen Koalitionsregierung an einer Formulierung zur Verankerung von Ehe und Familie im Grundrecht. Ehe und Familie sollen dann ausdrücklich unter Verfassungsschutz stehen, ein Vorrecht, in dessen Genuß keine einzige andere Form der Lebensgestaltung kommt. Diese Entwicklung zu staatlicher Förderung der »Keimzelle der Gesellschaft« ist sehr bedenklich. Werden Ehe und Familie dermaßen überbewertet, ist die Diskriminierung anderer – etwa schwuler – Lebensformen geradezu zu erwarten. Für schwule Väter könnte das ein zusätzliches Hindernis sein, sich zu ihrer Homosexualität und zu ihren Kindern zu bekennen. Gerade die österreichische Gesetzgebung tut sich bis heute schwer, Homosexuellen die einfachsten Grundrechte zuzugestehen. In diesem Land gibt es nach wie vor vier Strafrechtsparagraphen (§ 209, 210, 220, 221), die homosexuelle Menschen gegenüber allen anderen Bürgern diskriminieren. Der unheilvollste davon ist in seiner praktischen Auswirkung der § 209, der die »gleichgeschlechtliche Unzucht« zwischen einer Person männlichen Geschlechts nach Vollendung des achtzehnten Lebensjahres und einer jugendlichen (zwischen 14 und 18 Jahren) männlichen Person mit Freiheitsentzug bis zu fünf Jahren bedroht. Mädchen dürfen von erwachsenen Männern schon ab vierzehn Jahren straffrei gebumst werden.

Dann gibt es noch das »Werbe- und Versammlungsverbot für homosexuelle Einrichtungen«, das praktisch unbedeutend, weil totes Recht ist – und das Verbot von gleichgeschlechtlicher Prostitution. In Österreich besteht mit diesen Bestimmungen die schärfste Gesetzgebung gegen homosexuelle Frauen und Männer in Westeuropa.

Im Familien-, Ehe- bzw. Scheidungsrecht und im Adoptionsrecht kommt der Begriff »Homosexualität« explizit nicht vor.

Auf diesen Rechtsgebieten liegt der Umgang mit Homosexualität nicht an den Gesetzen, sondern an der Rechtsprechung; und eine Diskriminierung schwuler Väter und lesbischer Mütter läßt sich daraus sehr leicht ablesen.

Homosexualität und Ehe

Homosexualiät eines Ehepartners gilt in Österreich als Scheidungsgrund. Und zwar auch, wenn dem anderen Lebenspartner vor der Eheschließung die homosexuellen Bedürfnisse des Partners bzw. der Partnerin bekannt waren. Die Vereinbarung der Sexualfreiheit zwischen Ehegatten stellt wegen des Verstoßes gegen das Wesen der Ehe und die guten Sitten keinen rechtsgültigen bzw. verbindlichen Vertrag dar.

Lebt z.B. ein Ehemann seine homosexuellen Neigungen aus, begeht er eine »schwere Eheverfehlung«, weil er gegen das rechtlich abgesicherte Gebot der ehelichen Treue verstößt. Die Ehegatten sind aber nicht nur zu ehelicher Treue verpflichtet, sondern auch dazu, alles zu unterlassen, was geeignet ist, den objektiv begründeten Schein ehewidriger Beziehungen zu erwecken. Dieser Verpflichtung können homosexuelle Ehemänner nur dann entsprechen, wenn sie ihre homosexuellen Bedürfnisse vollkommen verdrängen. Homosexualität ist laut österreichischer Rechtsprechung mit ehelicher Gesinnung unvereinbar und verstößt gegen die sittlichen Grundlagen der Ehe. Eine Ehe, in der mindestens ein Partner homosexuell ist, gilt von vornherein als zerrüttet, da die geistig-seelisch-körperliche Gemeinschaft zwischen den Ehegatten objektiv und wenigstens auf einer Seite subjektiv zu bestehen aufgehört hat.

Homosexuelle Elternschaft nach einer Ehescheidung

Viele homosexuelle Väter und Mütter haben Angst, nach einer Ehescheidung die Beziehung zu ihren Kindern zu verlieren. Können z.B. bei Bekanntsein der sexuellen Neigungen bestimmte Elternrechte verwehrt werden?

Grundsätzlich gilt, daß elterliche Rechte nur soweit beschränkt werden dürfen, als dies zur Sicherung des Wohles der Kinder nötig ist. So sagt das ABGB (Allgemeines Bürgerliches Gesetzbuch) im § 178 a: »Bei Beurteilung des Kindeswohles sind die Persönlichkeit des Kindes und seine Bedürfnisse, besonders seine Anlagen, Fähigkeiten, Neigungen und Entwicklungsmöglichkeiten, sowie die Lebensverhältnisse der Eltern entsprechend zu berücksichtigen.« Kindern ab zehn Jahren wird Anhörung zugestanden, sie können bis zu einem gewissen Grad ihr eigenes Wohl artikulieren. Bei jüngeren Kindern wird im Falle einer nicht einvernehmlichen Scheidung die Bezirksverwaltungsbehörde (das ist im konkreten Fall das zuständige Jugendamt) angehört.

Vor Gericht werden die Lebensumstände beider Elternteile in ihrer Gesamtheit gegenübergestellt. Für die Entscheidung, welchem Elternteil Kinder zugesprochen werden, ist die materielle Situation, körperliches Wohl und Gesundheit und schließlich das pädagogische Interesse der Kinder ausschlaggebend. Und gerade was die pädagogischen Interessen betrifft, sind homosexuelle Eltern vor den österreichischen Richtern den heterosexuellen Eltern gegenüber im Nachteil: Der gesamte Lebenskreis der Eltern wird in die Entscheidung mit einbezogen, einschließlich der den Betreuungspersonen nahestehenden Kontaktpersonen – und das sind eben auch die männlichen Geliebten der Väter bzw. die Freundinnen der Mütter. Wenn man bedenkt, daß in der österreichischen Strafgesetzgebung der gleichgeschlechtliche Sexualverkehr mit »Unzucht« beschrieben wird und außerdem nicht dem gesetzlich definierten sittlichen Verhalten entspricht, so wird deutlich, daß Homosexualität eines Elternteils zu geringeren Chancen führt, nach einer Scheidung die Kinder zugesprochen zu bekommen. Auch wenn die Betreuung der Kinder von beiden Elternteilen gleich gut wahrgenommen werden kann, ist die sexuelle Orientierung der Eltern für eine Entscheidung ausschlaggebend, wobei sich die Richter auf »sittliches Verhalten« berufen können.

Obwohl es in der österreichischen Gesetzgebung keinen Grundsatz gibt, daß Kinder eines bestimmten Lebensalters oder eines bestimmten Geschlechts dem einen oder anderen Elternteil zuzuweisen sind, werden in Österreich laut Rechtspruchpraxis in fast allen Fällen die Kinder der Frau zugeteilt. Familienrecht ist patriarchales Recht, und Kindererziehung ist Frauensache. Nur wenn die Frau durch ihre Lebensweise der patriarchalen Mutterideologie allzusehr widerspricht – also wenn sie etwa freiwillig auf Kinder verzichtet, oder wenn sie als Prostituierte und nicht als Hausfrau arbeitet – gesteht die österreichische Richterschaft den Vätern zu, die besseren Eltern zu sein. Für Väter – gar für homosexuelle – ist es also grundsätzlich schwer, nach einer Scheidung offiziell die Kinder bei sich leben zu lassen. Das Beste ist also, wenn die Homosexualität eines Elternteils erst gar nicht vor Gericht zur Sprache kommt und es außerdem eine einvernehmliche Scheidung gibt; andernfalls stehen die Chancen in jeder Hinsicht schlecht.

Homosexualität und Entzug oder Einschränkung elterlicher Rechte

Sind die Kinder einmal offiziell einem Elternteil zugesprochen und wird bekannt, daß dieser homosexuell ist, stellt sich die entscheidende Frage, ob sich daraus Eingriffe in die elterlichen Rechte ergeben können.

Praktisch ist es sehr unwahrscheinlich, daß im Falle einer bereits zugesprochenen Vormundschaft oder Pflege diese wieder entzogen wird. Die Entziehung oder Einschränkung elterlicher Rechte ist nur als äußerste Notmaßnahme gerechtfertigt. Das Gericht hat nur einzuschreiten, wenn ein Mißbrauch oder eine Vernachlässigung der Pflege angezeigt oder amtlich bekannt wird und eine konkrete ernste Gefahr für die Entwicklung des Kindes besteht. Das »erotische Verhalten« des betreffenden Elternteils, das keinen Reflex auf die Beziehung Eltern-Kind hat, ist dabei ohne Bedeutung. Bleibt nur die Frage offen, ob Homosexualität als »erotisches Verhalten« gilt und wie sehr diese auf die Beziehung zu den Kindern reflektiert. Es gibt in Österreich dazu bisher keinerlei richterliche Entscheidungen.

Adoption

Kinder können grundsätzlich nur von »intakten« Familien adoptiert werden. Laut österreichischer Spruchpraxis ist unter »intakter Ehe« eben auch die »körperliche Gemeinschaft« der Ehepartner zu verstehen. Will ein Ehepaar, von dem bekannt ist, daß wenigstens ein Teil davon lesbisch oder schwul ist, ein Kind adoptieren, so wird ihm dies von Gerichts wegen verweigert. Daß schwule oder lesbische Paare Kinder adoptieren, ist in Österreich ohnehin Utopie.

Homosexuelle Väter unehelicher Kinder

Väter unehelicher Kinder haben generell nur sehr wenige Rechte, und dies auch nur, wenn sie offiziell die Vaterschaft anerkannt haben. Hier kommt die patriarchale Ideologie der Familienrechtssprechung voll zum Tragen und wird sicherlich durch die Verankerung von Ehe und Familie im österreichischen Grundrecht noch verstärkt werden.

Väter unehelicher Kinder haben eigentlich nur das Recht, sich zu »besonders wichtigen« Maßnahmen bezüglich Pflege und Erziehung zu äußern. Ist der Vater, außer daß er die Kindesmutter nicht ehelichte, auch noch homosexuell, kann er nur in äußersten Ausnahmefällen die Vormundschaft und Pflege seiner Kinder übernehmen (z. B. »wenn die Mutter auf den Strich geht«, laut Auskunft eines österreichischen Rechtsberaters).

Insgesamt ist es nicht ratsam, sich vor Gericht oder vor den Vertretern der österreichischen Jugendämtern als Homosexueller zu bekennen. Homosexuelle Emanzipation sollte besser nicht auf gerichtlicher Ebene stattfinden, besonders wenn es um Vormundschafts- oder Kinderpflegeangelegenheiten geht. Fällt es den österreichischen Gesetzgebern schon schwer genug, homosexuellen Menschen die einfachsten Grundrechte zuzugestehen, so erst recht alles, was Kindererziehung betrifft.

Nachbemerkung des Herausgebers

Über die juristische Lage in der Schweiz konnte ich in Erfahrung bringen, daß dort die Regelungen ähnlich vom Urteil des einzelnen Richters abhängen wie in Österreich und in der BRD. Das »Wohl des Kindes« steht auch hier bei Scheidungsprozessen im Vordergrund; Kinder unter 10 Jahren werden aber in aller Regel der Mutter zugesprochen (ein Rechtsbeistand sprach vom 99,9%).

SELBSTHILFEGRUPPEN SCHWULER VÄTER
und schwuler Ehemänner

BERLIN

Schwule Väter Berlin, c/o Kommunikationszentrum, Kulmer Straße 20a, Tel. 030/2159000

BRD

Bremen:
Schwule Ehemänner und Väter,
c/o Rat und Tat-Zentrum,
Theodor-Körner-Str. 1, 2800 Bremen 1
Tel. 0421/704170 (Markus Kaminski)
(Treff jeden 1. Dienstag im Monat, 20 Uhr)

Dortmund:
Selbsthilfegruppe schwuler Väter,
c/o Deutscher Paritätischer Wohlfahrtsverband,
4600 Dortmund 1, Westhoff 8, Tel. 0231/8403-0

Duisburg:
Selbsthilfegruppe verheirateter Schwuler
c/o Pro Familia, Homosexuellenberatung
Klöcknerstr. 172, 4100 Duisburg 1
Tel. 0203/350700 (Di 19–21 Uhr)

Göttingen:
c/o Wolfgang Gleitz, Herzberger Landstr. 31,
3400 Göttingen

Hamburg:
Schwule Väter, c/o Magnus-Hirschfeld-Zentrum,
Borgweg 8, 2000 Hamburg, Tel. 040/2790069

Hannover:

Ehemänner, c/o HSH,
Postfach 4722, 3000 Hannover 1
Treff jeden 2. Dienstag im Monat, 19 Uhr im Home-Centrum, Johannsenstr. 8, 3000 Hannover 1
Tel. 0511/17997

Kassel:

Schwule Väter, c/o Pro Familia,
Frankfurter Str. 133a,
3500 Kassel, Tel. 0561/27413

Köln:

Schwule Väter, c/o Buchladen »Lavendelschwert«
Bayardsgasse 3, 5000 Köln 1,
Tel. 0221/232626

Offenbach:

c/o Wilfried Wember, Lützowstr. 4,
6050 Offenbach

Stuttgart:

c/o Reiner Burchardt, Bismarckstr. 77,
7000 Stuttgart 1

ÖSTERREICH

Graz:

Homosexuelle Initiative (HOSI) Steiermark,
Pluddemanngasse 49, 8010 Graz,
Tel. Mi, Fr, So ab 20 Uhr: 0316/462005

Wien:

HOSI Wien, Novaragasse 40, 1020 Wien,
Tel. Di, Fr 18–20 Uhr: 0222/266604
Rosa-Lila-Villa, Linke Wienzeile 102, 1060 Wien
Mo–Fr 17–20 Uhr, Tel. 0222/568150

SCHWEIZ

Basel:

Gesprächsgruppe »Schwule Väter und Ehemänner«
c/o Erwin Ott, Luzerner Ring 122, CH-4056 Basel

Sollte es nicht möglich sein, eine Selbsthilfegruppe schwuler Väter zu erreichen, können Selbsterfahrungsgruppen, wie sie für schwule Männer von verschiedenen Institutionen, örtlichen Beratungszentren und Tagungsstätten angeboten werden, ähnliche Hilfen bieten.

Beratungskontakte sind möglich über die örtlichen Homosexuellen-Beratungsstellen, die man bei der Tageszeitung, den Stadtzeitungen oder dem Telefonbuch (»Rosa Hilfe«, »Rosa Telefon«, »HuK – Homosexuelle und Kirche« u. a.) entnimmt. Aktuelle Adressen der Schwulengruppen und Beratungsstellen findet man in dem Kalender »Schwule Männer«, Bruno Gmünder Verlag, Lützowstraße 105/106, 1000 Berlin 30. Internationale Adressen im »SPARTACUS – Guide für Gay Men« im selben Verlag.

Den größten Kontaktanzeigenteil hat die zweimonatliche Zeitschrift MÄNNER, Bruno Gmünder Verlag.

Selbsterfahrungsgruppen, Veranstaltungen, Tagungen, Treffen unterschiedlicher Thematik gibt es im laufend erscheinenden Programm des FREIEN TAGUNGSHAUS WALDSCHLÖSSCHEN, 3407 Gleichen-Reinhausen (bei Göttingen), Tel. 05592/1240. Im Waldschlößchen finden halbjährlich überregionale Treffen schwuler Väter statt. Selbsterfahrungsseminare veranstaltet auch Rüdiger Bunz, Dipl-Päd., Postfach 106803, 2800 Bremen 1.

KOMMENTIERTE BIBLIOGRAPHIE

In dieses Verzeichnis sind nicht nur Werke aufgenommen, die im Text zitiert wurden, sondern auch andere, die ich zu Rate gezogen habe und die mir zum Weiterlesen interessant erscheinen.

Zum Vorwort

Dannecker, Martin / Reimut Reiche: Der gewöhnliche Homosexuelle. Eine soziologische Untersuchung über männliche Homosexuelle in der Bundesrepublik. S. Fischer Verlag, Frankfurt 1974.
Das Standardwerk über die bundesdeutschen Homosexuellen, leider im Buchhandel vergriffen.

Schulenberg, Joy: Gay Parenting. A Complete Guide for Gay Men and Lesbians with Children. Anchor Books, Anchor Press/Doubleday, Garden City, New York 1985.

Zum Kapitel »Gefangen in Ehe und Familie«

Leyrer, Katja: Rabenmutter – Na und? Essays und Interviews. Brandes & Apsel Verlag, Frankfurt 1987.

Pilgrim, Volker Elis: Dressur des Bösen. Mutterliebe und Verstörung. Kurt Desch Verlag, München 1974.
»Wer in Deutschland sagen will, die Brutstätte des Bösen sei die patriarchalische Familie, muß eine Vorweg-Auseinandersetzung führen mit Konrad Lorenz' Idee, das Böse sei als Instinkt angeboren und dem Menschen von der Tierwelt vererbt worden.« Pilgrim tut das in allgemein verständlicher Weise, allerdings besteht die Gefahr, daß statt der patriarchalischen Familie nur der Mutter darin der Schwarze Peter aufgebürdet wird.

Schizophrenie und Familie. Beiträge zu einer neuen Theorie von Gregory Bateson, Don D. Jackson, (u.a.). Suhrkamp Verlag, Frankfurt 1969.
Übersetzung der grundlegenden Aufsätze zu allen späteren Theorien zum Thema. Die Forschungen stammen aus den 50er Jahren. Wieder besteht die Gefahr, die Störungsursachen hauptsächlich bei der Mutter zu suchen.

Theweleit, Klaus: Männerphantasien. 2 Bände, Verlag Roter Stern, Frankfurt 1977
Anhand von trivialer und autobiographischer Literatur aus dem ersten Drittel des 20. Jh. werden Elemente des Faschismus in jedem von uns ausgemacht, alles in steter Auseinandersetzung mit der Psychoanalyse. Theweleit sagt: »Es kommt nicht darauf an, etwas dagegen zu tun, »daß sich so was nicht wiederholt«, sondern es kommt darauf an, die gegenwärtig fortdauernden und weiterwirkenden Grundbedingungen des Faschismus aufzuspüren.«

White, Edmund: Staaten der Sehnsucht. Reisen durch Gay America. S. Fischer Verlag, Frankfurt 1982 (vergriffen)
Eine hervorragende Hilfe, um über den engen bundesdeutschen Horizont hinauszublicken. Über Schwule, die heiraten, ist die Rede auf den Seiten 99, 192 und 372, S. 217 äußert sich eine lesbische Mutter, S. 281 geht es um das erstaunlich unbefangene Verhältnis, das Schwarze zu Homosexualität und zum Umgang von Homosexuellen mit Kindern haben.

Zum Kapitel »Schuldgefühle«

Kreiker, Christoph / Burkhard Peter: Der Psychotherapieführer. C.H. Beck Verlag, München 1983.

Hamilton, Wallace: Nie mehr im Schrank. Roman. Knaur, München 1986
Eine amüsante Geschichte, wie ein gestandener Vater entdeckt, daß er schwul ist und wie er es seiner Familie beibringt.

Zum Kapitel »Frauen«

Marcus, Maria: Die furchtbare Wahrheit. Frauen und Masochismus. Deutsch von Gisela Jensen. Rowohlt Verlag, Reinbek 1987.
Ausgangspunkt sind die persönlichen Gefühle der Autorin sowie Äußerungen anderer Frauen, denen zu entnehmen ist, daß der Masochismus auch bei Feministinnen tief eingewurzelt ist. Leider beschränkt sich Maria Marcus dann aber auf die (durchaus sarkastische und lesenswerte) Analyse von psychologischer Sekundärliteratur von Krafft-Ebing über Freud bis Horney; damit stehen die »Frauenphantasien« als Gegenstück zu Theweleits epochemachenden »Männerphantasien« noch aus.

Nahas, Rebecca / Myra Turley: Liebe im Dreieck. Soziale Verhaltensmuster in partnerschaftlichen Beziehungen zwischen homosexuellen Männern und heterosexuellen Frauen. Wilhelm Heyne Verlag, München 1983.
Recht interessante Studie, aber von den theoretischen Grundlagen her ziemlich schwach. Besonders die Konzeption des »Neuen Paares«, das den sogenannten »traditionellen Paaren« gegenübergestellt wird, ist unbefriedigend. Die angeführten Fälle »neuer Paare« kranken denn auch an allen Schwierigkeiten der »alten«.

Zum Kapitel »Ehe und Familie«

Leyrer, Katja: Rabenmutter – Na und? Essays und Interviews. Brandes & Apsel Verlag, Frankfurt 1987.
Dieses Buch bekämpft die noch immer vorherrschende Mutterideologie – und speziell auf lesbische Mütter wird auch eingegangen.

Unsere Kinder – unser Leben. Ein Handbuch von Eltern für Eltern. Aus dem Amerikanischen übersetzt und bearbeitet von U. Ernst, E. Fischer und I. Wacker. Rowohlt Verlag, Reinbek 1981.
Sicherlich eines der brauchbarsten und am wenigsten dogmatischen Eltern-Ratgeber. Ersichtlich ist das schon daraus,

daß die Situation von homosexuellen Eltern immer mitbedacht wird, ausdrücklich auf den Seiten 312 bis 320.

Zum Kapitel »Kinder«

Bösche, Susanne: Jenny lives with Eric and Martin. Translated from the Danish by Louis Mackay, with photos by Andreas Hansen. Gay Men's Press, London N15 6RW, PO Box 247, 1983
Eigentlich wollte ich keine fremdsprachigen Bücher in diese Bibliographie aufnehmen, aber dann habe ich mir gedacht, ich muß ein paar Ausnahmen machen. Und anhand speziell dieses Buches kann jede(r) seine Englischkenntnisse auffrischen; ich selbst habe mir vorgenommen, gelegentlich den deutschen Text mit ins Buch zu kleben (Platz dafür ist nämlich) und das Buch meiner Tochter zum 5. Geburtstag zu schenken. Jenny ist nämlich auch fünf Jahre alt. Sie wohnt mit ihrem Vater Martin und dessen schwulem Freund zusammen. Die drei erleben alle möglichen Freuden und Konflikte wie sie unser Alltag bietet. Eine herzerfrischende Fotogeschichte.

Corea, Gena: MutterMaschine. Reproduktionstechnologien von der künstlichen Befruchtung bis zur künstlichen Gebärmutter. Aus dem Amerikanischen von Pieke Biermann. Rotbuch Verlag, Berlin 1986.
Eine Darstellung, die die Gefahren der Reproduktionstechnologien aufzeigt, aber auch die sog. »Wissenschaft« kräftig lächerlich macht.

Zum Kapitel »AIDS«

Frings, Matthias (Hg.): Dimensionen einer Krankheit – AIDS. Rowohlt Verlag, Reinbeck 1986
Als Denk- und Kampfhilfe sicherlich für viele Leser eine Offenbarung. Allerdings geht manchmal der Zynismus, speziell wo es gegen die etablierte Wissenschaft geht, ins Unseriöse – wahrscheinlich als Reaktion auf die Ohnmacht, die wir angesichts dieser Krise empfinden.

Nungesser, Lon G.: Der Wille zu leben. AIDS-Betroffene berichten von ihren Kämpfen und Erfolgen. Aus dem Amerikanischen von Stefan Troßbach. Bruno Gmünder Verlag, Berlin 1986.

Zum Kapitel »Integration«

Männersachen. Verständigungstexte. Hrsg. von Hans-Ulrich Müller-Schwefe. Suhrkamp Verlag, Frankfurt 1979.
Das ganze Buch ist sehr lesenswert, für unseren Zusammenhang besonders interessant sind aber die Beiträge von Uwe Bolius und seiner Frau Gertraud Bolius, »Homosexualität« und »Die geheiratete Theorie«.

Gleitz, Wolfgang: Liebe im Niemandsland – schwule Väter zwischen den Grenzen. In: Dunde, S.R. (Hrsg.): Wenn ich nicht lieben darf, dürfen's andre auch nicht. Vom Umgang der Männer mit sich und anderen. Rowohlt Verlag, Reinbek 1987.

Zum Kapitel »Juristische Fragen«

Recht schwul, Rechtsratgeber für Schwule. Hrsg. SchwIPs – die schwulen Juristen. Verlag rosa Winkel, Berlin 1982.

Coester, Michael: Das Kindeswohl als Rechtsbegriff. Frankfurt 1983.

Lempp, Reinhard: Die Ehescheidung und das Kind. München 1976.